八个好妈妈标准

“妈妈帮”帮妈妈

刘燕华　关丽荣　李澍晔　著

中国经济出版社
CHINA ECONOMIC PUBLISHING HOUSE
·北京·

图书在版编目（CIP）数据

“妈妈帮”帮妈妈 / 刘燕华，关丽荣，李澍晔著

. -- 北京：中国经济出版社，2022.9

ISBN 978-7-5136-6985-6

Ⅰ. ①妈… Ⅱ. ①刘… ②关… ③李… Ⅲ. ①家庭教育 - 家长学校 Ⅳ. ① G78

中国版本图书馆 CIP 数据核字（2022）第 111848 号

责任编辑　陈　瑞
责任印制　马小宾
封面设计　任燕飞
插图作者　张君超

出版发行　中国经济出版社
印 刷 者　北京艾普海德印刷有限公司
经 销 者　各地新华书店
开　　本　710mm × 1000mm　1/16
印　　张　18
字　　数　270 千字
版　　次　2022 年 9 月第 1 版
印　　次　2022 年 9 月第 1 次
定　　价　59.00 元
广告经营许可证　京西工商广字第 8179 号

中国经济出版社　**网址** www. economyph. com　**社址** 北京市东城区安定门外大街 58 号　**邮编** 100011

本版图书如存在印装质量问题，请与本社销售中心联系调换（联系电话：010-57512564）

“妈妈帮”声明

最近，班里成立了“家长交流”群，任务是方便老师与家长沟通，“神兽”在学校的表现。

几个热心的宝妈觉得在群里说话不过瘾，特别是有些话在“家长交流”群里说出来不合适，为了不让宝爸们反感，尊重班主任老师，一位博士宝妈提议建立“妈妈帮”群，任务是组成宝妈联盟，设定好妈妈标准，互相帮助，共同教育“神兽”成才，让宝妈们真正成为合格的妈妈。

“妈妈帮”的五位核心人物经过认真研究、反思，查阅古今中外的教育资料，认为好妈妈的标准有八个，连夜发到“妈妈帮”群里，嘱咐群内的宝妈们收藏，铭记在心，学以致用。

标准一：宝妈要以身作则，言行一致，引导“神兽”明确好人的标准。

标准二：宝妈要监督“神兽”锻炼身体，让孩子体魄强壮，健康成长。

标准三：宝妈要创建学习型家庭，让“神兽”养成会学习、爱学习的好习惯。

标准四：宝妈要鼓励“神兽”参与劳动，在劳动中明白做人的道理。

标准五：宝妈要教育“神兽”心胸宽广，乐观地面对人生，不骄不躁。

标准六：宝妈要教育“神兽”遵纪守法，做一个对社会、对民族、对国家有用的人。

标准七：宝妈要让“神兽”学会管理时间、珍惜时间，明白“时间就是生命”的道理。

标准八：宝妈要告诫“神兽”自律是人生的大事，务必要牢记于心，见于行动。

当个好妈妈不是简单的一句话，而是要开动脑筋，积极思考，与“神兽”交朋友，主动陪伴、走进“神兽”的内心世界，找出切实可行的办法，最关键的是“以身作则”，向“榜样”学习，既要当好妈妈又要当好老师，双重职责于一身，任劳任怨、持之以恒地坚持下去。

宝妈们要切记：为了“神兽”的健康成长，真正成为未来的人才，需要做出很多“牺牲”。

欢迎宝妈们在“妈妈帮”群里畅所欲言，引出话题，寻求教育“神兽”的灵丹妙药，让“神兽”健康、快乐地成长。

群成员：

群　主（博士）——李多心

副群主（心理学专家）——王爱心

群军师（哲学家）——张细心

群参谋（体育教练）——徐知心

群监督（艺术家）——赵美心

群成员——宝妈01—宝妈50

妈妈帮

2021年2月19日　于北京郊区

人物简介

“妈妈帮”
群主（博士）
李多心

“妈妈帮”
副群主（心理专家）
王爱心

"妈妈帮"
群军师（哲学家）
张细心

"妈妈帮"
群参谋（体育教练）
徐知心

"妈妈帮"
群监督（艺术家）
赵美心

目　录

群公告一
用优良的品德影响“神兽”

01
勇敢的话题

群员——宝妈 01 紧急求救

“神兽”被壁虎吓晕了

宝妈 01

我们家的“神兽”聪明、漂亮、学习好，身高 1.6 米，像个大姑娘了。前几天，我接“神兽”放学回家。我们娘俩儿说说笑笑走到家门口。我打开防盗门的一刹那，突然发现一只壁虎，吓得我脸色煞白，呆若木鸡。

“神兽”看见我被吓惨的样子，受到了刺激，也被吓得面色惨白、呼吸急促，全身哆嗦。

由于壁虎爬进了家里，我们娘俩儿不敢进家门，急忙打电话叫“神兽”的爸爸回来。连续几天，“神兽”精神高度紧张，夜间做噩梦，上课无法集中精力，饮食量减少，学习成绩断崖式下降。

群里的宝妈们，请支招，我该怎么办呢?

群主——博士李多心

这件事说明“神兽”胆小，与宝妈遇到突发事件，惊慌失措有关系，务必要引起宝妈的重视，在“神兽”面前宝妈要勇敢，做好榜样。因为宝妈是“神兽”眼中的“保护神”。“保护神”都被吓坏了，“神兽”该如何呢?

副群主——心理专家王爱心

王爱心总结出宝妈眼里“神兽”的问题：

“神兽”害怕小动物，看见毛毛虫、壁虎、蟑螂、蟾蜍、蚰蜒、蝎子、蜈蚣、老鼠、鳝鱼、泥鳅、蛇等，吓得呼吸急促、脸色突变，甚至呆若木鸡。

“神兽”害怕见到陌生人，不敢直视陌生人，见了陌生人脸红、心动加速、呼吸急促，甚至肚子痛。

“神兽”黑夜不敢出门。总觉得黑夜中有妖魔鬼怪跟在身后。

“神兽”夜间不敢独自睡觉，甚至不敢独自去卫生间。

“神兽”疑神疑鬼，总觉得家里有鬼魂、狐仙等，不敢独自在家里待着。

“神兽”害怕雷雨天气，不敢看闪电、听雷声。

“神兽”害怕鲜血，甚至抗拒打针、抽血等。

“神兽”课堂上不敢举手发言，总是不敢看老师的眼睛。

“神兽”害怕考试，考前吃不下、睡不着；考试中习惯性地拉肚子；考试中全身出汗，双手哆嗦，大脑一片空白。

群军师——哲学家张细心

张细心总结出“神兽”眼里宝妈的问题：

我妈天生胆小，见人脸红，不喜欢与外人说话。

我妈不敢黑夜走路。

我妈不敢放鞭炮，不敢看闪电。

我妈经常说她小时候课堂上不敢举手、怕老师提问、害怕写作文。

我妈见到鳝鱼、蟾蜍、蛇、鼠、壁虎、蜈蚣、蝎子、毛毛虫等，惊慌失措、面色惨白。

我妈发现厨房里有蟑螂后，竟然不敢进厨房了。

我妈夜间不敢独自睡觉，甚至夜间一直开着台灯睡觉。

我妈看见电影里的恐怖画面，立刻闭眼、尖叫，不敢看。

我妈看了“僵尸与吸血鬼”的画报、电影、电视，不敢独自进家了，夜间不敢单独睡觉，认为屋子里有鬼魂。

群参谋——体育教练徐知心

徐知心通过与“神兽”交流，了解到“神兽”的心声：

可能是遗传，也可能是受我妈的心理暗示，我天生胆子小。

我小时候，如果不听话，妈妈就说：“不听话、不好好吃饭、不好好睡觉、偷看电视动画片，就会被鬼抓走。”

我妈为了哄我开心，讲了许多妖魔鬼怪的故事，我越听越上瘾、越害怕，越想听。

我真心希望妈妈勇敢。

“妈妈帮”群员——宝妈01问：
如何寻找根源呢？请各位家长指教。

群监督——艺术家赵美心

宝妈不了解“神兽”心理，经常暗示“恐怖”，负面心理太多。

宝妈在不恰当的时间与环境下，使用不恰当的语言，讲了恐怖故事，购买了不适合“神兽”年龄看的书籍、报刊、影像制品，等于制造了恐怖源。

宝妈正面教育“神兽”少，缺乏对“神兽”勇敢行为的表扬与鼓励，不能有针对性地训练“神兽”勇敢。

宝妈对“神兽”保护太多、担心太多，甚至采取物理隔绝方式，强硬把“神兽”放在“保险箱”里，不让“神兽”独自面对问题，所以遇到事情时“神兽”胆小，六神无主，惊慌失措。

宝妈自己胆小，遇到“恐怖”事件惊恐万分、呆若木鸡、面色惨白，完全失态，没有给“神兽”做出勇敢的榜样，导致“神兽”内心有妈妈的影子。

宝妈没有及时解决“神兽”的心理问题，总以为胆小不是病，任其发展，最终出现了严重的心理问题。

“妈妈帮”群员——宝妈 01 问：
请各位家长支招，提供解决问题的办法。

副群主——心理专家王爱心

如果宝妈迫切希望“神兽”人格健全，勇敢、胆子大一些，务必要走进“神兽”的内心世界，与“神兽”交心。交心的方法是建立亲密的关系，在陪伴中、游戏中、体育活动中，在看电影和看电视时，在接送“神兽”上下学的路上，和“神兽”交流，了解神兽心中隐藏的秘密。

善于引导“神兽”，采取各种办法（沙盘、游戏、模拟情景剧、讲故事、参观战场遗址等），启发“神兽”认识勇敢的重要性，让“神兽”真正知道勇敢是成长的关键，关系一生的幸福。

与“神兽”共同读一本好书，我选择《女生安全小百科》，边看、边读、边写读后感、边绘图，效果非常好。

宝妈要认真协助“神兽”查找原因，截断恐怖源，弄清事实真相，树立正确的“三观”，让“神兽”有充足的心理准备，学会客观地分析问题，学会辩证思维，就不胆怯了。

要采取有效措施，务必让“神兽”远离恐怖、悬疑、血腥的影视节目、书刊、画报、故事，眼睛不看、耳朵不听，采取物理隔绝法，逐渐就没有恐惧感了。

群军师——哲学家张细心

宝妈要主动学习童心理学，与“神兽”共同成长。

“神兽”幼年时期的心理健康很关键，宝妈要从一言一行做起，以游戏、绘画、故事、寓言、模拟情景剧的方式锻炼、启发、影响、引导“神兽”。

要尊重“神兽”、鼓励“神兽”，给“神兽”创造锻炼勇敢的条件，鼓励“神兽”大胆、独自应对各种困难与问题，最终成功解决问题，使“神兽”在生活实践中，养成坚毅与勇敢的性格。

创建勇敢的家庭，让“神兽”在勇敢的氛围中，逐渐养成勇敢的品质。

通过事例，让“神兽”知道勇敢需要锻炼、需要主动适应，学会辨别是非。

主动带“神兽”走出去，观察自然界里的动物、植物，在社会实践中进行勇敢教育；进行现场模拟勇敢训练，实际接触恐怖的物体；开展野外生存训练等。见多了、看多了，“神兽”也就不害怕了。

群参谋——体育教练徐知心

宝妈与“神兽”在一起时，言行很重要，务必要以身作则，做“勇敢”的榜样。这一点非常重要。做往往比说教管用。

宝妈与“神兽”同时遇到恐怖的突发事情时，要保持镇定，不慌张，挺身而出，给“神兽”勇敢的心理暗示。

宝妈要多陪伴，多给“神兽”讲英雄人物的故事，告诉“神兽”平时要积极主动地向英雄人物学习，因为英雄人物身上有一个共同点——勇敢。

宝妈要经常带“神兽”参观英雄人物事迹展、听英雄人物的报告会，有意识地引导“神兽”效仿英雄，养成勇敢的品质。

要注重口号的作用，在家里的明显位置，写上一些关于勇敢的标语，让“神兽”每天都能看见、都能思考、都能悟出勇敢的本质，日积月累，“神兽”就勇敢了。

如：做一个勇敢的人！

我勇敢，我快乐！

没有什么是可怕的！

群公告

勇敢的人，面对前进道路上的各种困难，能灵活机智地发挥主观能动性，想出解决问题的好办法，最终战胜困难。

每日“五个一”工程

- ☐ 陪伴“神兽”朗诵一首诗；
- ☐ 陪伴“神兽”画一幅画；
- ☐ 陪伴“神兽”户外运动；
- ☐ 陪伴“神兽”看《新闻联播》；
- ☐ 陪伴“神兽”自然聊天儿。

亲子作业

“神兽”，你勇敢吗？　　是（　）　否（　）

请“神兽”回忆出自己做的勇敢的一件事。

____

宝妈与“神兽”感悟到了什么呢？

A. ____

B. ____

02
机智的话题

群员——宝妈 02 紧急求救

“神兽”遇到雷电了

宝妈 02

暑假的一天中午，我家的“神兽”在小区花园里玩儿。突然，电闪雷鸣。

“神兽”惊慌失措，匆忙躲避到一棵大树下，一边看着闪电、听着雷声，一边继续玩儿。

突然，一个响雷在大树顶炸开了，大树顶被削去一半，差点儿砸伤“神兽”。“神兽”吓得面色苍白、哇哇大哭。

我从窗户看到，急忙从楼上跑下来，冒雨冲到“神兽”身边，拉着“神兽”跑回单元楼门口，问“神兽”为什么在大树下避雨？

“神兽”哭着说：“以前下雨时，你也经常在大树下避雨，还经常说大树好比一把大雨伞，安全可靠。”

我听后，哑口无言，后悔自己的言语不当，无形中给“神兽”做了负面“榜样”，险些酿成大祸。

这件事让我彻夜难眠，究竟如何教育“神兽”呢？我思考了好几天，终于有了点儿头绪。现在我郑重地告诉各位宝妈，“神兽”遇到突发事件，反应迟钝，一般与宝妈平时的引导、安全教育、言行不当有关系，宝妈们需要认真反思，万万不可成为负面“教材”。

群主——博士李多心

雷雨天气，“神兽”在大树下躲避很危险。我思来想去，感觉宝妈平时缺少对“神兽”的安全教育。

这件事提醒“宝妈”们，“神兽”遇到突发事件不机智的问题不是小事，要引起重视。宝妈们应该认真查找原因，及早补救，以免发生难以挽回的后果。

副群主——心理专家王爱心

王爱心总结出宝妈眼里“神兽”的问题：

“神兽”心理素质差，遇到紧急情况，思维呆滞，无法做出正确的判断，不知道躲避，坐以待毙。

“神兽”思维简单，不知道迂回，不知道避让危险。

“神兽”懒惰，不爱读书学习，不爱思考，不善于思考，根本不知“智慧”二字的重要性。

“神兽”好像没有长大一样，思维幼稚，甚至走极端。

“神兽”顾头不顾尾，只想着玩得高兴，经常做出“傻”事来。

“神兽”只是玩游戏，不爱看与机智有关系的电影、电视、动画片，不爱做与机智有关系的游戏，脑子里没有储备机智的知识，所以遇到事情，束手无策，听天由命。

群军师——哲学家张细心

张细心总结出“神兽”眼里宝妈的问题：

我妈平时慢悠悠的，不爱动脑筋。

我妈遇事六神无主、慌里慌张，不知道想办法解决。

我妈不会分析问题，同样的错误经常犯。

我妈特别“僵化”，有时还有点儿“钻牛角尖儿”，不能用新思想、新方式看问题、解决问题。

我妈对“机智”二字有偏见，一直认为机智就是“耍心眼儿”，让人瞧不起。

我妈不爱学习，不爱积累知识，头脑简单，遇事“一根筋”，平时就爱

“追剧”、发微信朋友圈、自拍小视频、玩游戏、化妆、烫发、叫外卖、买新潮服装。

群参谋——体育教练徐知心

徐知心总结出“神兽”的心声：

我不想机智，多累心呢？

机智就是“狡猾”，会让同学反感、讨厌、孤立。

机智是元帅、将军、指挥员、董事长、官员的事，打仗、企业管理、行政管理才需要，我又不是元帅、将军、指挥员、董事长、官员，不需要机智。

机智的人小气、算计人，遇事“耍滑头”，我可不想当这样的人。

我妈经常说人不能机智过头了，更不能使“心眼子”，以免被人隔绝了、被人防着、被人瞧不起。

其实，我最崇拜机智的妈妈。

“妈妈帮”群员——宝妈 02 问：
如何寻找根源呢？请各位家长指教。

群监督——艺术家赵美心

赵美心说宝妈的问题：

宝妈粗心大意，缺乏教育理念，认识不到“神兽”不机智、抵触机智与自己教育不当有关系。

宝妈没有采取切实可行的办法引导“神兽”，不能寓教于乐，不能认真地告诉“神兽”“机智”二字的真实含义，导致“神兽”对机智有偏见、误解。

宝妈缺乏耐心，没有与“神兽”建立密切的亲子关系，发现“神兽”不机智，只是训斥、发火，甚至破口大骂，不能有针对性地引导“神兽”如何面对问题、解决问题，逐渐机智起来。

宝妈忽视了示范作用，没有做好榜样，遇到危险事情，自己先慌了神，甚至呆若木鸡，给“神兽”留下了坏印象。

群主——博士李多心

李多心说“神兽”的问题：

“神兽”晚熟，对“机智”二字没有概念，也不知道为什么要机智？机智的标准是什么？对机智非常陌生。

“神兽”对机智有误会与偏见，常常与“使心眼儿”“骗人”“阴招”联系在一起，所以对机智有抵触，不愿意机智。

“神兽”不爱学习，也不爱阅读，更不爱看与机智有关的影视剧，知识储备少。

“神兽”经常受宝妈遇事不机智的负面影响，导致自己也成了宝妈的“影子”。

“神兽”不能汲取别人的教训，遇到事情，犯与别人一样的错误。

“妈妈帮”群员——宝妈 02 问：
请各位家长支招，提供解决问题的办法。

副群主——心理专家王爱心

我教育“神兽”的绝招——讲与机智有关的故事，让“神兽”在故事中明白机智的重要性。

我的绝招是先密切关系，与“神兽”跳皮筋、跳绳比赛，玩高兴了，坐下来陪伴“神兽”看一些动脑筋的书籍、看一些思维缜密的影视作品，有选择性地与“神兽”做关于机智的游戏、写关于机智的作文、童话和寓言，逐渐使“神兽”明白遇到事情不机智、认死理、“一根筋”，就会钻“牛角尖儿”，甚至产生严重后果。

我教育“神兽”的绝招——通过猜谜语的方式，启发“神兽”改变自己的“三观”，遇事多问几个为什么？逐渐变得机智起来。

我家的“神兽”爱听故事，所以我就利用讲故事的机会，认认真真地告诉“神兽”遇到突发事件时，机智的重要性，让“神兽”知道机智离不开学习和实践，必须睁大眼睛，看清楚问题的本质，判断危险程度，当机立断，确保安全，绝对不能走极端。

宝妈要以身作则，当好榜样，平时遇到突发事情，只要“神兽”在场，就要认真对待，机智处置，给“神兽”做好榜样。

宝妈可以根据"神兽"的年龄、兴趣爱好，请教专业人士帮助，适时对"神兽"进行机智训练，让"神兽"积累渊博的知识，掌握分析问题的技巧与方法，并学会冷静处理问题，养成爱动脑筋的好习惯，善于独立解决问题，提高应变能力。

群军师——哲学家张细心

我的绝招是鼓励"神兽"观察自然、观察社会，通过不断地观察、学习，引领"神兽"会观察、爱观察，善于动脑筋分析问题，增长见识，学会"一分为二"地看问题。

我坚信读书可以拓宽"神兽"的知识面，改善"神兽"的知识结构，丰富人生阅历，明白事理，综合素质就会逐渐提高，看问题也就深刻了，辨别事物本质的水平自然也就高了。所以，我利用节假日，主动带"神兽"进新华书店、图书馆、阅览室、文化中心等，选择与机智有关系的好书，一边读一边交谈，受益匪浅。

我与"神兽"共同读《智谋取胜》，为了增加趣味性，还改编为情景剧在家庭中演出，效果极佳。

要通过各种鲜活的事例，让"神兽"明白遇到突发事件，不能呆若木鸡，更不能惊慌失措，务必保持清醒，科学思维，急中生智，化险为夷。

开卷有益，巧妙地鼓励"神兽"多听、多看、多分享别人的经验，开阔视野，见多了、听多了、想多了，慢慢地就会形成成熟机智的思考方式与方法了，自然就机智了。

通过模拟情景剧、推演沙盘，让"神兽"知道机智能使人避免灾难，大事化小，小事化无。

通过与"神兽"一起看法制宣传片、看《新闻联播》等，改变"神兽"的思维方式，使"神兽"知道——人们每天都会遇到各种意想不到的事，为了自己的安全，必须机智、反应迅速、处置得当。

群参谋——体育教练徐知心

我教育"神兽"的绝招——户外运动，调动"神兽"的积极性，玩高兴了，顺势告诉"神兽"机智不是耍小聪明，也不是算计人，更不是"使心眼儿"，它是智慧的表现，是反映一个人综合素质的尺度，机智不仅自己受益，大家也与你一起受益，机智的人会受到大家的拥护。

我喜欢给“神兽”讲故事，一边讲一边告诉“神兽”机智才能少犯错误，少一些麻烦，多一些顺利。

我喜欢绘画，把机智的故事与犯错的结果画出来，而后给“神兽”看图，让“神兽”知道——人经常会犯各种错误，认真总结一下所犯的错误，找出规律，就会清楚地看到很多错误是因为不机智造成的。如果在犯错误之前机智一点儿、灵活一点儿，就不至于犯错了。

群监督——艺术家赵美心

我教育“神兽”的高招——创造良好的家庭教育环境，布置家庭教育的场景，注重口号的作用，在家里的明显位置张贴一些关于机智的提示语，让“神兽”每天都能看见、都能思考、都能悟出机智的重要性，日积月累，就会养成机智的好习惯了。

如：机智能化险为夷！

机智能争取主动！

机智需要学习！

群公告

多听、多看别人的“经验教训”，开阔视野，见多了、听多了，形成科学的思考问题方式，自然就机智了。

每日“五个一”工程

- □ 陪伴“神兽”朗诵一首诗；
- □ 陪伴“神兽”画一幅画；
- □ 陪伴“神兽”户外运动；
- □ 陪伴“神兽”看《新闻联播》；
- □ 陪伴“神兽”自然聊天儿。

亲子作业

“神兽”！你机智吗？　　是（　）　否（　）

“神兽”！请回忆出你机智的一件事：

____

宝妈与“神兽”！你们感悟到了什么呢？

A. ______________________________

B. ______________________________

03
尊重的话题

群员——宝妈 03 紧急求救

“神兽”放学没有回家

宝妈 03

晚上 8 点了，我家的“神兽”还没有回家，我心乱如麻，感到情况不妙，立刻发动全家人外出寻找，找了大半夜，最后在无人看管的街心花园里的坐椅上找到了冻得瑟瑟发抖的“神兽”。

我着急地问情况，“神兽”摇头不肯说。

姥姥追问，“神兽”才把事情的经过告诉了姥姥。

原来，始作俑者是我，平时我不放心“神兽”，经常偷看“神兽”的日记，还讽刺“神兽”痴心妄想、白日做梦。

今天白天上学时，“神兽”也学我偷看日记的不雅行为，悄悄地拿出同学的日记看，被同学发现，遭到同学的批评、孤立和羞辱。

我知道了“神兽”下学不回家的缘由后，后悔不已，急忙为自己以前不尊重“神兽”的言行向“神兽”道歉，最终得到了“神兽”的原谅，没有造成严重的后果。

第二天，又主动陪伴“神兽”去学校见了老师，经过诚恳交谈，总算圆满解决了问题。

这件事告诉宝妈们，“神兽”得不到尊重，或者不尊重人，可能与宝妈的言行有关，务必引起宝妈的重视，别做偷看“神兽”日记的傻事，以免发生严重后果。

群主——博士李多心

这件事起因是“神兽”因为日记被宝妈偷看，得不到宝妈的尊重，内心对宝妈有了敌意，释放不出来，为了发泄出去，模仿宝妈的行为，在学校偷看同学的日记，被发现后，受到同学的羞辱。

根本问题是宝妈的言行不当，起到了“坏榜样”的作用。这件事务必要引起宝妈们的重视，以免带坏“神兽”，贻误终生。

副群主——心理专家王爱心

王爱心总结出宝妈眼里“神兽”的问题：

“神兽”学电视节目里的“霸王”，在家唯我独尊。

“神兽”吃饭不会礼让长辈，见到好吃的食品，抢着吃，从不让人。

“神兽”喜欢看动画片，霸占着电视机，不允许长辈换节目。

“神兽”外出吃饭时，呵斥服务员上菜慢、服务不及时等。

“神兽”没大没小，不能与长辈好好说话，盛气凌人、咄咄逼人。

“神兽”以自己为中心，眼睛里没有长辈的存在，不分时间、地点、场合，随意喊叫、打闹、玩乐，害的长辈被迫改变作息时间。

“神兽”不知道对长辈说“谢谢”“辛苦了”。

“神兽”不爱学习，在学校对老师不屑一顾，甚至瞧不起同学。

群军师——哲学家张细心

张细心总结出“神兽”眼里宝妈的问题：

我妈平时没有告诉我尊重是什么呀？为什么要尊重呢？

我妈也不尊重爷爷、奶奶，背地里经常说爷爷、奶奶的坏话。

我妈上公交车时，从不让着老人，只顾着自己抢座。

我妈骑完小黄车时，不管什么地方，随意乱放。

我妈开车从不避让“斑马线”上的行人。

我妈见到院里的老人故意扭头不说话。

我妈在外面吃饭，总是嫌弃服务员服务慢，不断地催促。

我妈见到单位领导，绕着走，不主动打招呼。

平时，只要我犯点儿小错误，我妈就会对我横眉冷对，好似“容嬷嬷”一样，根本不知道我也有自尊心，也需要尊重。

群参谋——体育教练徐知心

徐知心总结出“神兽”的心理：

为什么要尊重呢？妈妈没有告诉我。

什么是尊重？尊重谁？不知道。

不尊重长辈，长辈也给我吃喝，长辈都让着我。

我不想“低头”，干吗要低三下四地对别人客气呢？

我妈妈经常说，在外面少与别人说话，别委屈自己。

我的年龄还小，长大了就会尊重人了。

我希望妈妈是位尊重别人的人。

“妈妈帮”群员——宝妈 03 问：
如何寻找根源呢？请各位家长指教。

群监督——艺术家赵美心

赵美心说宝妈的问题：

宝妈没有通过游戏、绘画、模拟情景剧、讲故事等方式告诉“神兽”“尊重”二字的重要性，致使“神兽”不知道尊重是做人的根本，屡次受挫。

宝妈自己做得不好，在“神兽”面前不尊重人，让“神兽”看在眼里、记在心中，得到了负面的心理“暗示”，无形中当了反面教材。

宝妈没有底线的教育方法，溺爱、宠惯、容忍“神兽”不尊重的言行，让“神兽”养成了唯我独尊的习惯。

宝妈没有立家规，没有制定家训，发现“神兽”不尊重人，不及时进行批评，也没有惩罚措施，导致“神兽”我行我素甚至信马由缰。

群主——博士李多心

李多心说“神兽”的问题：

“神兽”读书少，没有“开窍”，脑子里没有礼仪的概念。

“神兽”以我为中心，想干什么就干什么，根本不考虑别人的感受。

“神兽”缺乏敬畏之心，宝妈不舍得或者没有意识到对“神兽”进行尊重教育的重要性，忽视了家规、家训与家史的教育，导致“神兽”不知道尊重人是做人的根本，不知道应该为家族增添荣誉。

“神兽”被宝妈宠坏了，养成了“独”性，眼里没有别人，随意发脾气。

“妈妈帮”群员——宝妈 03 问：
请各位宝妈支招，提供解决问题的办法。

副群主——心理专家王爱心

我的经验是立家规，制定家训，创建优良的好家风。宝妈要让“神兽”知道家规、家训里有“尊重”二字，不能视为儿戏。

通过绘画与涂鸦，给“神兽”讲道理。根据“神兽”的成长特点，让“神兽”多看成长与尊重的漫画，有计划、有系统地告诉“神兽”尊重他人，与人为善的重要意义。

我的经验是可以设计尊重游戏，创作模拟情景剧、家庭小品演出等，久而久之，“神兽”必定会有所感悟，明白其中的道理。

“打铁需要自身硬”，宝妈以身作则尤为重要。宝妈希望“神兽”是一个尊重人的人，自己就要当好榜样。

宝妈要主动学习儿童心理学知识，了解“神兽”的内心世界，掌握沟通技巧，牢固亲子关系，自觉尊重“神兽”，倾听“神兽”的心声，千万不要伤害“神兽”的自尊心。

群军师——哲学家张细心

我的经验是带着“神兽”走进大自然中，引导“神兽”睁大眼睛，认知世界，看清人性，有针对性地进行社会实践，让“神兽”明白尊重他人的重要性，让“神兽”知道尊重人是做人的根本，是成长

的关键。

我的绝招是通过互动游戏与讲寓言故事的方式，让“神兽”清楚尊重是互相的，只有尊重他人，才能得到别人的尊重。

要主动亲近“神兽”，让“神兽”接纳你、信任你、喜欢你，愿意听你讲的故事、案例、童话等，让“神兽”明白，不尊重他人的危害与严重后果。

群参谋——体育教练徐知心

要相信阅读的力量，主动带“神兽”去书店、图书馆，积极引导“神兽”多学习、多读与健康有益的书，积累知识，做一个会尊重人的人。

我与“神兽”共同阅读《弟子规》，边看边朗读，边写毛笔字，效果非常好。

要通过沙盘推演、创作童话故事，让“神兽”知道人人平等，尊重人是一种素质，也是一种习惯，不能有高低贵贱之分，不能有凌驾他人之上的想法。

编创一些适合“神兽”理解的情景剧、相声、顺口溜、三句半等，边演边解释，让“神兽”学会理解他人，善于观察问题，积极主动地发现他人的优点与感人之处，明白理解才能消除轻视别人的不良心理。理解了，也就尊重了。

群监督——艺术家赵美心

开卷有益，借助特殊的日子，带“神兽”参观名人故居，参观先进人物事迹展，不断用英雄人物、名人、伟人、成功人士的品德影响“神兽”，让“神兽”在他们身上明白尊重的重要性，从而自觉地养成尊重别人的好习惯。

要引导“神兽”读国学，知道仁、义、礼、智、信的含义，使“神兽”记住这句古语——“勿以善小而不为，勿以恶小而为之”的真实含义，平时主动对人微笑、问好，说声对不起、谢谢、您好等，就是尊重人的最好表现。

要注重口号的作用，在家里的明显位置张贴一些关于的尊重的提示语，让“神兽”每天都能看见、都能思考，都能悟出尊重的重要性，日积月累，就会养成尊重的好习惯了。

如：尊重是素质的尺子！
尊重才能被尊重！
尊重需要胸怀！

群公告

自觉尊重他人，与人为善，其实也是尊重了自己，给自己创造一个顺畅的大道。

每日“五个一”工程

- □ 陪伴“神兽”朗诵一首诗；
- □ 陪伴“神兽”画一幅画；
- □ 陪伴“神兽”户外运动；
- □ 陪伴“神兽”看《新闻联播》；
- □ 陪伴“神兽”自然聊天儿。

亲子作业

“神兽”！你尊重人吗？　　是（　）　否（　）

“神兽”！请回忆出你尊重人的一件事：

____

宝妈与“神兽”！你们感悟到了什么呢？

A. ______________________________________

B. ______________________________________

04
团结的话题

宝妈 04 紧急求救

“神兽”与小朋友吵架了

宝妈 04

暑假的一天中午，“神兽”来到小区的健身区，玩了一会儿，与小朋友吵了起来。

小朋友哭着跑回家，“神兽”也哭着跑回家。我赶紧追问为什么哭呢？

“神兽”哭天抹泪，委屈地说出了缘由。事情的经过：小朋友邀请“神兽”配合玩跷跷板，“神兽”只顾着自己玩脚踏车，冷冷地拒绝了小朋友。

不一会儿，“神兽”脑子一热，也想玩跷跷板，喊玩双杠的小朋友配合。小朋友说他不配合在先，也不配合他玩跷跷板。

争吵越来越激烈，最后两人吵了起来，险些动手，幸亏被一位好心的奶奶拉开。

我摇摇头说：“这个小朋友太坏了，以后不与他玩儿，妈妈陪你玩儿。”

“神兽”摇摇头，生气地说：“妈妈，都怪你平时总是说这样的话——在外面别吃亏，别受人欺负。还说你们公司里没有好人，不想与同事有任何交往。”

我听完，惊愕无语。这件事告诉我，“神兽”不知道团结人，遇到了挫折，伤心无助，通常与宝妈的言传身教有关系。

群主——博士李多心

这件事告诉“宝妈”们，“神兽”与小朋友吵架，不会团结人的后果很严重，引发的原因很多，但是与宝妈的不当言行也有很大关系，务必要引起宝妈重视，以免导致无法挽回的后果。另外，家庭成员之间更要讲团结，说简单也简单，说复杂也复杂，需要一定的艺术手段，需要认真思考。

副群主——心理专家王爱心

王爱心总结出宝妈眼里“神兽”的问题：

“神兽”独惯了，不知道怎么与其他小伙伴合作。

“神兽”自私，不愿意为别人付出。

“神兽”霸道，唯我独尊，听不进去别人的意见。

“神兽”不知道分享的重要性。

“神兽”妄自尊大，瞧不起别人。

“神兽”不爱学习，脑子里没有知识储备，不知道“团结”二字的含义，甚至拒绝团结。

群军师——哲学家张细心

张细心总结出“神兽”眼里宝妈的问题：

我妈总是挑别人的毛病，背后总是议论人。

我妈平时总是斤斤计较，与人交往时，一点儿亏也不能吃。

我妈独来独往，不喜欢合群。

我妈经常说单位人，个个是“人精”，不与他们交往。

我妈不能看见别人比她好，发现别人优秀，或者超过她，总是背地里使小动作，甚至“打小报告”。

我妈不爱学习，对于团结的问题心里没有数。

我妈在家里不讲团结，说一不二，爸爸怕她，我也怕她。

我妈担心我吃亏，嘱咐我在外面不能让别人抢了风头。

群参谋——体育教练徐知心

徐知心总结出“神兽”的心理：

小伙伴们个个有脾气，我不想跟他们玩儿。
被家人宠惯了，都要听我的，不愿意听别人的。
同学们个个暗中较劲儿，如果我讲团结了，会被同学说傻。
不团结，也没有发生严重的后果呀？
讲团结有什么用呢？最终还是要靠自己。
讲团结，有时需要委屈自己，我不想这样做。
我最敬佩善于团结的妈妈。

“妈妈帮”群员——宝妈 04 问：
如何寻找根源呢？请各位宝妈指教。

群监督——艺术家赵美心

赵美心说宝妈的问题：

宝妈不知道自己是“神兽”第一任老师的重要性，在“神兽”面前说不团结的话、做不团结的事，会被“神兽”效仿。

宝妈一切以“神兽”为中心，围着“神兽”转，无原则地满足“神兽”的所有要求，导致“神兽”心中无他人，对“团结”二字很陌生。

宝妈不爱学习，知识储备少，不会通过讲故事、做游戏的方式告诉“神兽”团结的重要性，更不会借助外出参观学习的机会教育、启发“神兽”如何去团结。

宝妈不细腻，没有耐心，亲子关系紧张，发现“神兽”不讲团结时，只是惩罚，不会引导。

群主——博士李多心

李多心说“神兽”的问题：

“神兽”读书少，知识积累少，没有“开窍”，认为团结离自己很遥远，团结是大人的事，与自己没有关系。

“神兽”在家里被宠惯了，自以为是，不愿意为别人付出，总是索取，不知道团结是需要付出的，更不知道团结需要讲风格、需要适当妥协的。

“神兽”模仿影视作品里的坏人物，故意闹不团结。

“神兽”外出与小伙伴玩儿时，总想当“霸王”，总想自己说了算。

“妈妈帮”群员——宝妈 04 问：
请各位宝妈支招，提供解决问题的办法。

副群主——心理专家王爱心

我的经验是借助沙盘推演团结的故事、设计团结的游戏、创作团结的寓言、编排团结的情景剧，与“神兽”一起玩儿和演，激发“神兽”的兴趣，吸引“神兽”的注意力，巧妙地让“神兽”明白一个道理——如果把团结看得很重要，敢于付出，愿意付出，处处谦让，不仅小伙伴会主动与你玩儿，得到快乐，而且对成长十分有益。

俗话说：“打铁需要自身硬。”我的体会是宝妈要以身作则，带头搞好团结，言行一致，给“神兽”做出团结的好榜样。平时，要时常警告自己——“神兽”看着自己呢，听自己说话呢，宝妈是“神兽”一辈子的人生导师，宝妈什么样，未来的“神兽”就是什么样。

我的体会是养成讲团结的好习惯，在生活中塑造团结的良好形象，处处起到好的示范作用，这一点对“神兽”的影响很大。平时，与单位同事、邻居、亲人交往时，务必以团结为出发点，热情主动，换位思考，理解万岁。

群军师——哲学家张细心

宝妈要知道开卷有益的道理，结合家史、家训与家规，培养“神兽”宽容的处事态度，让“神兽”逐渐明白宽容与吃亏是福的道理。

通过绘画、涂鸦、体育活动，引导“神兽”多从团结的角度思考问题，不能斤斤计较。与人交流时，善于倾听他人的意见，尊重他人的意见。

宝妈要把“神兽”的团结教育纳入家庭教育体系之中，不能认为是可有可无的事，有计划、有安排、有时间、有标准、有评估、有考核、有奖惩，甚至可以请“高人”对“神兽”进行团结教育，使“神兽”真正懂得“团结”二字，是做人的关键。最终使“神兽”明白一个道理——会团结的人，才能被团结。

借助特殊的事件、特殊的日子，培育“神兽”形成大爱之心，让“神兽”学会主动关心人、爱护人、理解人、尊重人、帮助人，这样当自己遇到困难时，才能得到周围人的帮助与支持，才能逢凶化吉。让：“神兽”明白一个道理——得道多助，失道寡助！

群参谋——体育教练徐知心

我的经验是多与“神兽”一起开展户外活动，密切亲子关系，想方设法丰富家庭的文体生活，节假日尽量带“神兽”出门，爬山、游泳、滑冰、滑雪、踢足球、打篮球、进图书馆。“神兽”开心了、喜欢你了，你说的话就管用了。

开卷有益，有计划地带“神兽”参观先进人物事迹展，通过先进人物的事迹，感染“神兽”，净化“神兽”的心灵。

与“神兽”一起学习国学知识，朗读国学经典文章、诗词，知道古人是如何团结的，无形中受到感染。

我与“神兽”共同阅读《道德经》，边看边朗读，边写毛笔字，效果非常好。

我的绝招是在家里制造团结的氛围，让“神兽”写上几个标语，张贴在明显的位置，天天受启发。

如：团结的前提是大公无私，心里有他人。

要想团结，就要吃亏奉献，先人后己。

团结不是妥协、忍让，而是一种风度。

群公告

集体就是温暖的家，生活在集体里，团结最重要，想方设法为集体做出贡献。要想把自己真正融到集体里，就要处处为别人着想，才能赢得友谊，得到尊重。

每日“五个一”工程

- ☐ 陪伴“神兽”朗诵一首诗；
- ☐ 陪伴“神兽”画一幅画；
- ☐ 陪伴“神兽”户外运动；
- ☐ 陪伴“神兽”看《新闻联播》；
- ☐ 陪伴“神兽”自然聊天儿。

亲子作业

“神兽”！你团结吗？　　是（　）　否（　）

“神兽”！请回忆出你团结的一件事：

____

宝妈与“神兽”！你们感悟到了什么呢？

A. ____

B. ____

05
诚信的话题

群员——宝妈 05 紧急求救

“神兽”不见了

宝妈 05

暑假的一天中午，我家的“神兽”悄悄溜出家门，直奔公交车站，独自去了动物园。看了老虎、梅花鹿、熊、蛇、孔雀、猴子和熊。

我午休起来发现“神兽”不见了，四处寻找没有看见“神兽”的影子，立刻慌了神儿，哭了起来。

“神兽”的姥姥知道情况后，急忙打出租车赶过来帮忙。在“神兽”的屋里发现了一张纸条，上面写有几行字——你失信了，我去动物园了，放心，我会安全返回。

我和“神兽”姥姥长出了一口气，立刻出门打车去了动物园，我们母子团聚了。

我抱着“神兽”，哭着说：“吓坏我了，你的胆子太大了吧，怎么自己一个人悄悄地来了动物园呢？万一路上出事怎么办呢？”

“神兽”看着我，委屈地说：“你不讲诚信，说了多少次要带我来动物园，提高我的观察能力，对写作文有好处。可是你总是以各种理由不兑现。你不讲诚信，我只好自己来了。还有，你经常不讲诚信，说周末给我讲故事，带我看电影、参观博物馆，给我炖排骨、烤虾、包饺子，陪我跳绳、打羽毛球、爬山和写生。可是没有一次真正实现过。”

我听完，羞愧无语，一脸茫然，不知如何应答。这件事告诉我，“神兽”不诚实，没有信誉，通常与宝妈的言传身教有直接关系，宝妈需要以身作则，当好模范。

群主——博士李多心

这件事告诉宝妈，“神兽”独自外出去动物园，与宝妈不讲诚信有关系，务必要引起宝妈的重视，以免导致无法挽回的后果。

副群主——心理专家王爱心

王爱心总结出宝妈眼里“神兽”的问题：

“神兽”不学好，竟然学会了撒谎。

“神兽”学习时，偷偷摸摸地玩儿。

周末，“神兽”早起背英语，可是太阳都晒后背了，还不起床。

“神兽”借同学的东西不还，有时还是故意的。

放假了，“神兽”计划天天擦地板、洗碗、洗衣服、袜子，可是坐在电视机前就不离开。

“神兽”多次保证——进门洗手，出门戴口罩，可是进门就去冰箱找吃的、喝的；出门经常忘记戴口罩，经常因此事上不了公交车。

“神兽”不爱学习，肚子里“墨水”少，不理解“诚信”二字的含义。

群军师——哲学家张细心

张细心总结出“神兽”眼里宝妈的问题：

我妈经常撒谎说肚子疼，不想上班，在家追剧，在朋友圈里聊天儿、八卦。

我妈从不耐心细致地告诉我诚信是什么？为什么要诚信，以及不诚信的危害是什么？

我妈撒谎不脸红，明明在家，电话里却说不在家。

我妈不诚实，亲戚借钱时，明明有钱，却说没有钱。

我妈半夜玩手机，第二天却说没有玩儿。

我妈说暑假带我去清华大学、中国人民大学、北京大学参观，暑假到了，再也不说去大学参观的事情了。

晚上睡觉前，我妈经常不洗脚、不洗袜子，对外却说她天天洗脚、洗袜子。

我妈扔垃圾不分类，遇到检查人员询问时，竟然一本正经地说分类了，一点儿也不脸红。

群参谋——体育教练徐知心

徐知心总结出“神兽”的心理：

撒谎，可以实现自己的“小秘密”。

请病假，大家都围着我转，一切都顺着我。

编瞎话，就能蒙混过关。

说了实话，承认了错误，妈妈眉头紧锁、面色铁青，甚至破口大骂，所以我不敢说实话。

借点儿小钱、小东西，还不还无所谓，反正被借者也不在意。

我内心知道失信、撒谎不好，可是形成习惯了，改不了。

我最希望妈妈是个讲诚信的人。

“妈妈帮”群员——宝妈 05 问：
如何寻找根源呢？请各位宝妈指教。

群监督——艺术家赵美心

赵美心说宝妈的问题：

宝妈麻痹大意，忽视了诚信教育。没有立规矩，发现“神兽”不诚实后，没有惩罚，让“神兽”变本加厉，肆意妄为。

宝妈教育方法不正确，具体现象——“神兽”诚实了、如实坦白了，往往得不到肯定与表扬，甚至招致一顿臭骂，所以“神兽”变“聪明”了，选择不诚实、不说实话，避免挨骂、挨打。

宝妈溺爱“神兽”，对“神兽”的不诚信行为没有引起足够的重视，不能及时指出其危害性与严重性，顺其自然，甚至纵容，导致“神兽”撒谎成瘾，以骗人为乐，直至形成习惯，无法收场。

宝妈没有当好老师，没有起到榜样的作用。表率作用不好，甚至成了“不诚信”的教科书，遇事自己不讲诚信、撒谎、欺骗、掩盖真相，让“神兽”亲眼看到、亲耳听到，出现了上行下效的结果。

群主——博士李多心

李多心说“神兽”的问题：

“神兽”玩心大，知识储备里没有“诚信”二字，只知道玩游戏、看电视，根本不清楚不讲诚信的危害。

“神兽”在家庭里没有严格的家规、家训约束和规范，为了达到目的，为所欲为，撒谎成瘾。

“神兽”投机取巧，脑子里想的都是吃喝玩乐。有些“神兽”，为了达到小小的满足，竟然撒谎，让家长、老师、同学付出巨大，自己却不以为耻，反而津津乐道。

“神兽”没有担当，没有承担后果的勇气，犯了错误，为了逃避责罚，故意推卸责任，混淆是非。

“神兽”为了满足虚荣心，得到夸奖，或得到一些利益，故意编造事实，让人们信以为真，以引起别人的夸赞、注意和奖励。

“妈妈帮”群员——宝妈 05 问：
请各位宝妈支招，提供解决问题的办法。

副群主——心理专家王爱心

我的经验是建立读书型家庭，与“神兽”一起读好书，让“神兽”在书中知道诚信是什么？为什么这么重要。让“神兽”把“诚信”二字牢记在心中，让“神兽”知道一旦失去了“诚信”二字，就会失去友情、亲情，甚至会失去一切。

我与“神兽”共同阅读《向解放军叔叔学习》，边看边朗读，效果非常好。

我的做法是立家规，制定家训，把“诚信”二字写入家规与家训里。通过画家族导图，明明白白地让“神兽”知道家族的来龙去脉，知道家族的历史，自觉维护家族的荣誉。

我的体会是引导“神兽”养成每天反省的好习惯，看自己有无失信的言行，有则改之，无则加勉。绝对不能拖延，这是立世之本。

我的小技巧是耐心细致地给“神兽”讲故事，和“神兽”做游戏，创造轻松、自然的氛围，告诫“神兽”从小事着手，谨言慎行，言出即行，行必有果。

我认为经常带“神兽”走出家门很重要，积极主动地参观名人故居、历史与先进人物的展览，让“神兽”接触社会，认识诚信，知道诚实是中华民族的传统美德，是做人的前提和根本。

群军师——哲学家张细心

我的秘诀是以不同的形式，不厌其烦地告诉“神兽”说老实话、办老实事、做老实人，才能得到人们的信任和理解，得到他人的支持与帮助。

可以通过给“神兽”讲寓言故事，或创造童话故事的方式，让“神兽”明白诚实的人心情愉快，没有任何思想压力。不诚实的人终日心里慌慌的，影响人的情绪与健康。

我的办法是开卷有益，通过鲜活的案例，让“神兽”知道不讲诚信的人、喜欢撒谎的人、投机取巧的人，只能伪装一时，但不能伪装长远，最终会把自己毁灭在谎言的陷阱里，结局会很凄惨。

群参谋——体育教练徐知心

我的经验是宝妈必须以身作则，给“神兽”当好诚信的榜样。成长中，要允许“神兽”犯错误，也欢迎“神兽”改正错误。

我要提醒各位宝妈，务必要保持清醒，如果“神兽”犯了错误，如实承认了错误，宝妈绝对不能打骂“神兽”。如果打骂“神兽”，就等于批评“神兽”诚实。

宝妈要善于表扬“神兽”的诚实态度，指出“神兽”的错误，帮助“神兽”改正错误，这样在“神兽”的心中就不会对犯错误产生恐惧感，反而明白了一个道理，犯了错误不可怕，只要诚实面对，勇于承认，积极改正就可以了，逐渐养成说实话的好习惯。相反，如果“神兽”隐瞒了错误，为了达到私欲，颠倒是非，故意撒谎，就要对其进行适当的惩罚。

群监督——艺术家赵美心

我的绝招是在家里制造诚实的氛围，与“神兽”一起写出几条标语，张贴在明显的位置，天天受启发，天天把“诚信”二字印刻在脑海里。

如：诚信是立足之本。

诚信需要勇气。

诚信需要坚持。

群公告

诚信是做人的根本，是家规、家训里必须要有的内容，谁都不能在“诚信”二字上犯糊涂。

每日“五个一”工程

- □ 陪伴“神兽”朗诵一首诗；
- □ 陪伴“神兽”画一幅画；
- □ 陪伴“神兽”户外运动；
- □ 陪伴“神兽”看《新闻联播》；
- □ 陪伴“神兽”自然聊天儿。

亲子作业

“神兽”！你诚信吗?　　是（　）　否（　）

“神兽”！请回忆出你诚信的一件事：

____

宝妈与“神兽”！你们感悟到了什么呢?

A. ______________________________

B. ______________________________

06
遵纪守法的话题

群员——宝妈 06 紧急求救

“神兽”闯大祸了

宝妈 06

我家的“神兽”被家人惯坏了，没有不敢做的事。周末中午，“神兽”偷偷地拿着弹弓与我外出去公园，看见一只喜鹊落在树上，手痒痒了，趁我拿手机在草地上自拍的工夫，掏出弹弓，瞄准喜鹊，发射了弹丸。

“嗖”的一声，喜鹊没有打着，弹丸飞向了远方，击中了一位散步的老奶奶，闯下了大祸。

老奶奶惊吓过度，心脏病犯了，昏了过去。

公园管理人员问“神兽”为什么不遵守公园的管理法规，随意使用弹弓打喜鹊。

“神兽”好像没事人一样，满不在乎地说：“玩弹弓咋了？不就是一只喜鹊吗？老奶奶住院，我们家有钱。再说，我妈妈进公园也不遵守规定，踩踏草地、采摘鲜花。”

公园管理人员听完，扭头看着我。我羞愧难当，无言以对。

这件事告诉大家，“神兽”不遵纪守法，与宝妈的“坏”榜样有关系。所以，宝妈们务必要以身作则，不给“神兽”留下任何把柄。

群主——博士李多心

这件事告诉宝妈，“神兽”不遵纪守法，随意用弹弓打喜鹊，与宝妈平时缺少遵纪守法教育有关系，要引起宝妈的重视，以免导致无法挽回的后果。

副群主——心理专家王爱心

王爱心总结出宝妈眼里“神兽”的问题：

“神兽”喜欢玩“枪”耍“剑”，在外面打打杀杀。

“神兽”过马路不遵守规定，边看手机边走，乱闯乱钻，旁若无人。

“神兽”进了公园，爬树摘花，捞小鱼、小虾，踩草坪、踩蚯蚓、踩蜗牛。

“神兽”脾气大，没轻没重，动不动就与小伙伴打架、吵嘴，甚至使用“武器”。

“神兽”竟然偷偷地玩弹弓，随意打鸟。

“神兽”自由散漫，擅自去野外游泳、滑冰、玩火、掏鸟窝。

“神兽”不知道校规的具体条款，所以经常不知不觉地违反校规，在校园里吃零食、玩手机、玩玩具、迟到逃课、乱喊乱叫。

“神兽”不爱学习，脑子里根本就没有“遵纪守法”这四个字。

群军师——哲学家张细心

张细心总结出“神兽”眼里宝妈的问题：

我妈扔垃圾不分类。

我妈自由散漫，迟到早退是“家常便饭”。

我妈开车时走应急车道、自行车道，甚至闯红灯。

我妈去公园时，悄悄摘下口罩，甚至随意摘花、踩草坪。

我妈经常不走斑马线，着急时还闯红灯。

我妈遛狗时，不拴狗绳，任由狗随意拉尿。

妈妈总对我说做人要规规矩矩的，可是我不知为什么要这样？

群参谋——体育教练徐知心

徐知心总结出“神兽”的心理：

我还小，遵纪守法与我无关。
遵纪守法就是没有自由了，我受不了。
我没有遵纪守法，也没有发生什么事情呀！
妈妈不爱学习，没有认真对我讲过遵纪守法的事。
只要不杀人，干什么都无所谓。
我最希望妈妈是个遵纪守法的人。

“妈妈帮”群员——宝妈 06 问：
如何寻找根源呢？请各位宝妈指教。

群监督——艺术家赵美心

赵美心说宝妈的问题：

宝妈溺爱“神兽”，不舍得说、不舍得管，没有制定家规、家训，对“神兽”的管理过于宽松，发现“神兽”违纪违法后，不严肃、认真、及时、理直气壮地批评、惩罚，也不提出警告，等于放纵了“神兽”。

宝妈的言行不当，自己没有当好榜样，当着“神兽”的面，违法违纪，导致法律规章成了一张废纸，“神兽”目睹宝妈的言行后，受到负面的心理暗示。

宝妈忽视了法纪教育，没有根据“神兽”的年龄特点，通过参观警示教育展览、阅读法律书籍、讲解法制故事、做与法律法规有关的游戏、编排与法律法规有关系的情景剧等，系统、认真、严肃地给“神兽”讲法规法纪，导致“神兽”脑子里根本没有遵纪守法的意识。

群主——博士李多心

李多心说“神兽”的问题：

“神兽”不爱读与遵纪守法有关的书，不爱看法制宣传栏、警法教育片等，法规知识储备得少，头脑里没有意识到遵纪守法的重要性。

“神兽”大大咧咧，认为自己年龄小，违法违纪是大人的事，所以无心关注法律法规，内心深处没有认识到关键时候违纪违法就是“鲜血”“铁牢”，甚至会付出生命的代价。

“神兽”有侥幸心理，总觉得违纪违法没有人知道、没有人看见、没有人管，做了、说了也没有人追究，所以更加肆无忌惮了。

“神兽”受影视剧里的反面人物影响，学会了违法、违纪、违规，不以为耻，反以为荣。

“妈妈帮”群员——宝妈 06 问：
请各位宝妈支招，提供解决问题的办法。

副群主——心理专家王爱心

我的经验是通过多种形式，包括讲故事、做游戏等，经常性地引导“神兽”学法、知法、懂法，特别是要重点学习与每个人都有关系的《中华人民共和国宪法》《中华人民共和国刑法》《中华人民共和国未成年人保护法》《中华人民共和国教育法》《中华人民共和国民法典》等，让“神兽”知道如何用法律保护自己，知道可以干什么？不可以干什么？始终在法律法规的框架内活动，一生才顺当。

我的秘诀是以身作则，给“神兽”做好榜样，不仅要求“神兽”遵纪守法，自己更应该自觉地遵纪守法，用言行教育“神兽”、影响“神兽”、感动“神兽”，让“神兽”在宝妈身上看到法律规章的严肃性，知道合格的公民都有遵纪守法的义务。

我与“神兽”共同阅读《预防未成年人犯罪法》，边看边朗读，边写读后感，效果非常好。

群军师——哲学家张细心

我的做法与“神兽”一起去户外活动，在娱乐中给“神兽”讲法律法规，让“神兽”知道无论有天大的本领，如果不遵纪守法、随心所欲，只追求“自由”，不服从管理，必将会受到法律的制裁。

通过活生生的事例，自编自导情景剧，明明白白地告诉“神兽”遵纪守法不但对自己重要，而且与大家共同的利益也有着千丝万缕的联系，谁都要遵守，这样家庭、学校、社会才有秩序，才有安定、和谐的局面。

关注法制教育信息，主动带“神兽”参观法制展览，参加法制宣传周（月）活动，或观看法规法制宣传片，让“神兽”保持头脑清醒，明白从小放纵自己，养成散漫与“天不怕，地不怕”的坏习惯，长大了必然会受到惩罚。

可以请派出所民警或社区治安员现场说法，让“神兽”明白不能感情用事，不能被“哥们儿义气”蒙蔽眼睛，遇事冷静，不能冲动。

通过沙盘推演、创作寓言故事等形式，使“神兽”知道学会克制的重要性，明白现实生活中很多违法乱纪的行为不是主观故意，而是“一过性”的冲动导致的，要让“神兽”重视克制、学会克制，遇到情况后，不仅要多问几个为什么？还要问问是不是违法违规，是不是要付出沉重的代价，冷静了以后，也就知道该怎么办了。

群参谋——体育教练徐知心

我的做法是只要有机会，条件允许，就应带“神兽”听法制讲座，看预防犯罪与火灾展览，用鲜活的案例教育“神兽”，触动“神兽”的心灵，让“神兽”从中受到教育、警示，心存敬畏之心。

我的体会是，每天提醒“神兽”老老实实做人，违法乱纪的事情不能想，更不能做，绝对不要存有侥幸心理，牢记一句俗语——“要想人不知，除非己莫为。”

要注重口号的作用，在家里的明显位置张贴一些关于遵纪守法的提示语，让“神兽”每天都能看见、都能思考，都能悟出遵纪守法的重要性，日积月累，就会具备法律法规意识了。

如：自觉遵纪守法！

法律不相信眼泪！

知法、懂法、守法！

法律面前人人平等！

群公告

当一个人失去了自由时，才知道自由的珍贵。一个人如果养成了遵纪守法的好习惯，变被动为自觉，就会终身受益。

每日“五个一”工程

□ 陪伴“神兽”朗诵一首诗；
□ 陪伴“神兽”画一幅画；
□ 陪伴“神兽”户外运动；
□ 陪伴“神兽”看《新闻联播》；
□ 陪伴“神兽”自然聊天儿。

亲子作业

“神兽”！你遵纪守法吗？　　是（　）　否（　）

“神兽”！请回忆出你遵纪守法的一件事：

____

宝妈与“神兽”！你们感悟到了什么呢？

A. ______________________________

B. ______________________________

群公告二
用传统的家风训诫“神兽”

01
勤俭的话题

群员——宝妈 07 紧急求救

“神兽”把奶奶气病了

宝妈 07

我家的“神兽”与奶奶、爷爷共同居住，一天“神兽”看见同学买了一双一千多元的进口运动鞋，非常羡慕，回家就让奶奶、爷爷去商场买。奶奶说脚上穿的鞋还有七成新，不着急买新鞋。拒绝了“神兽”的无理要求，“神兽”几天不与奶奶说话，食欲也不佳。

周末，“神兽”悄悄地拿出积攒的压岁钱，着急买了回来。气得奶奶血压升高、头昏脑胀，不断唠叨“神兽”是个败家子，请求老师帮助教育“神兽”。

老师很重视这件事，说这是班风问题，找“神兽”谈话，认真地问：“为什么这么大手大脚，不知道节约吗？听你奶奶讲，你们家从你太爷、太奶、爷爷、奶奶开始，都有勤俭节约的好传统，你也应该节约呀，可是你竟然买了 1000 元的鞋，气坏了奶奶，说说原因。”

“神兽”大大咧咧地说：“跟我妈学的，我妈穿名牌、开好车、买高级化妆品、高档衣服、烫头，高跟儿鞋几十双。节约了吗？我妈逢人就说：人这一辈子吃了、玩了、穿了、美了也就值了，别跟自己过不去，我觉得妈妈说的有道理。所以我就买了鞋。”

老师听完，沉思许久，立刻打电话告诉了我。我羞愧得面红耳赤，认识到自己没有当好榜样，影响了“神兽”的思想品德。

这件事告诉宝妈们，“神兽”不勤俭节约，与妈妈的言行有直接的关系，需要警惕。

各位宝妈们千万不要学我，这件事让我忽然清醒了。“神兽”如何教育？“神兽”的思想品德应该往什么方向引领？请群里的宝妈们支招。

群主——博士李多心

这件事告诉“宝妈”们，“神兽”不勤俭节约，一定有原因，务必要引起宝妈们重视，以免出现严重的后果，追悔莫及。

副群主——心理专家王爱心

王爱心总结出宝妈眼里“神兽”的问题：

“神兽”玩心大，外出游玩，只要高兴，不管价格多少，必须花钱玩儿，根本不心疼大人挣来的钱。

“神兽”竟然自己在网上叫外卖，变着花样地吃。

“神兽”在饭馆吃饭时，眼大肚子小，吃不完的饭，随意扔掉。

“神兽”对运动鞋情有独钟，遇到新款式必须买。

“神兽”玩具一大堆，看见喜欢的玩具，必须买回家，在同学面前显摆。

“神兽”见到饮料，不问价格，掏钱就买。甚至还充当“冤大头”，请客给同学们喝。

“神兽”不爱学习，对勤俭节约的本质知之甚少。

“神兽”在玩游戏上舍得花钱。

群军师——哲学家张细心

张细心总结出“神兽”眼里宝妈的问题：

我妈经常说人活着就是为了吃好、喝好，一辈子不能亏待自己。

我妈不爱穿旧衣服，舍得花钱买化妆品、高跟儿鞋、连衣裙。

我妈的包包几千元一个。

我妈就喜欢买手机，追款式。

我妈动不动就“下馆子”，叫外卖，从不自己买菜、做饭。

我妈经常说钱是花的，是让人享乐的。

我妈烫一次头发，竟然花掉一千多元。

我妈去超市，本来可以走着去，非要开车去，油钱、停车费加起来比买东西的钱还多。

群参谋——体育教练徐知心

徐知心总结出“神兽”的心理：

压岁钱属于我个人的私有财产，我可以随便花，给谁留着呀！

买了好玩具，天天玩儿，内心高兴好几天。

勤俭节约，显得很寒酸，会被同学们瞧不起。

妈妈挣得钱多，我花点儿，应该的呀！

玩具、饮料、零食能花多少钱呀？有什么好节约的呢？

穿新款运动鞋、运动衣，戴新潮的运动帽，玩新滑板，才有“范儿”。

经常叫外卖，才让同学瞧得起。

我希望妈妈是勤俭之人。

“妈妈帮”群员——宝妈 07 问：
如何寻找根源呢？请各位宝妈们指教。

群监督——艺术家赵美心

赵美心说宝妈的问题：

我认为宝妈没有制定家规、家训，更没有良好的家风。如果希望家庭幸福美满、积极向上，必须立规矩，形成严谨的家风。立家规必须涵盖这几方面——仁、义、礼、智、信、责任、担当、坚韧、勤劳，不能稀里糊涂地立家规。

宝妈应该让“神兽”全面了解家史，利用各种机会带“神兽”回老家看看祖先居住与生活的地方，与长辈交谈生活的变化，从小就要把家的“根”植入到“神兽”的心灵中，让“神兽”不忘本。

宝妈忽视家庭教育，对“神兽”百般呵护，甚至成了“神兽”的“奴隶”，让“神兽”为所欲为。

宝妈不能以身作则，自己首先不勤俭节约、嫌贫爱富，在“神兽”面前没有遮拦，讲吃、讲穿、讲享乐、讲化妆、讲游玩，由于宝妈不正确的消费观，给“神兽”造成了不良的心理暗示。

我与“神兽”共同阅读《心理导航》，边看边朗读，效果非常好。

群主——博士李多心

李多心说“神兽”的问题：

“神兽”不爱阅读国学经典，或者读非所用，不知道家规是什么？家训是什么？家风是什么？甚至自己家的家史都没有读过，没有家族感、归属感、荣耀感、奋斗感。

“神兽”生活在优越的家庭里，被大人们宠着，享乐至上，零食不断，玩具更新快，变着花样地外出游玩，对勤俭节约很陌生，根本就不知道如何勤俭？为什么勤俭和节约？

“神兽”唯我独尊，以我为中心，不会换位思考，不知道劳动是要付出汗水的，不知道家长的苦心与艰辛，只知道快乐消费，认为享乐是理所应当的事，反正家长有钱。

“神兽”没有感恩之心，十分任性，片面地认为花钱是应该的，父母挣钱就是给“神兽”花的，就是让“神兽”开心的。

“神兽”攀比之心强烈，同学有的，我也要有；同学没有的，我也要有，总之不能没有面子。

“妈妈帮”群员——宝妈07问：

请各位宝妈们支招，提供解决问题的办法。

副群主——心理专家王爱心

我的经验是亲子互动，在轻松的活动中让“神兽”明白勤俭节约是做人的基石，主要方式是通过阅读、参观、游戏、讲故事、编排情景剧，认认真真地告诉“神兽”勤俭节约是中华民族的传统美德，千百年来一直以勤俭为本，以朴实为荣，必须把勤俭节约教育贯穿于成长的始终，不能马虎。

我的做法是改变一成不变的教育方式，带“神兽”走出去，进行现场体验教育，随时随地给“神兽”讲革命传统故事、讲中国历史、讲伟大的中华民族发展史，使“神兽”逐渐明白现在的好生活来之不易，要倍加珍惜。

我的秘诀是学会“狠”心，从现在开始务必彻底改变“宠爱式”教育模式，要有原则、有底线。多带“神兽”参观革命历史的展览，走进工厂、农村，听长辈讲述过去难忘的奋斗过程，让“神兽”从中受到教育。

只要条件允许，可以多带“神兽”到艰苦的地方走一走，让“神兽”亲身感受一下艰苦的环境，艰苦的人是如何生存的，使“神兽”的心灵受到震撼。

群军师——哲学家张细心

我的妙招是带“神兽”去体验生活，使“神兽”受到感染，让“神兽”在辛苦中体会到快乐，最终使其思想深处发生变化，明白勤俭节约对人生、对于自身成长的重要性，深刻认识到一个勤俭的民族是有希望的民族，一个奢侈的、享乐的民族最终要被历史淘汰，逐渐让“神兽”养成勤俭节约的好习惯。

我的经验是有针对性地引导“神兽”向先进模范人物学习，向科学家学习，向劳动模范学习，让“神兽”自觉地把精力放在学习上，不与同学比消费、穿戴、玩具，而是与同学比学习、比思想、比纪律、比对社会的贡献。

我的做法是知行合一，根据“神兽”的年龄、学习、身体情况，在安全有保证的前提下，科学引导“神兽”参加社会公益活动，如环保活动、“手拉手”活动、帮扶活动、植树造林活动、敬老活动，使“神兽”在社会实践中获得快乐，明白勤俭节约的道理。

群参谋——体育教练徐知心

我的办法是针对“神兽”爱模仿的特点，宝妈以身作则，带头勤俭节约，不乱花钱，不铺张浪费，消费上低标准，学习上高标准，让“神兽”在宝妈的身上看到节约的影子。

我的绝招是周末带“神兽”去看望姥姥、姥爷，因为“神兽”是姥姥、姥爷带大的，“神兽”崇拜姥姥、姥爷。让姥姥、姥爷拿出补丁毛衣、外衣、内衣、袜子、早年的奖状、合影照、老旧用品等物件，给“神兽”看、给“神兽”讲，让“神兽”有所触动、有所感悟。

要加深“神兽”对勤俭节约的印象，在家里形成勤俭节约的氛围，可以在家里醒目的位置张贴一些勤俭节约的提示语，让“神兽”每天都能看见、都能思考，悟出勤俭节约是美德，是做人之本，日积月累，就会形成勤俭节约的好品质。

如：勤俭节约从我做起！

勤俭节约不是口号！

群公告

务必要使“神兽”明白勤俭节约对于认识人生、对于自身成长的重要性。务必要让“神兽”深刻认识到一个勤俭的民族是有希望的民族，逐渐让“神兽”养成勤俭节约的好习惯。

每日“五个一”工程

- □ 陪伴“神兽”朗诵一首诗；
- □ 陪伴“神兽”画一幅画；
- □ 陪伴“神兽”户外运动；
- □ 陪伴“神兽”看《新闻联播》；
- □ 陪伴“神兽”自然聊天儿。

亲子作业

“神兽”！你勤俭节约吗？　　是（　）　否（　）

“神兽”！请回忆出你勤俭节约的一件事：

____

宝妈与“神兽”！你们感悟到了什么呢？

A. ______________________________

B. ______________________________

02
孝敬的话题

宝妈 08 紧急求救

“神兽”把姥姥气哭了

宝妈 08

今天是姥爷的生日，酒桌上大家都给姥爷送去祝福的话。我家“神兽”低头不语，躲到一边兴高采烈地玩游戏。

姥姥实在看不下去了，说了“神兽”几句。

“神兽”不但不收敛，还离开桌子，嘟囔着姥爷的生日耽误他玩游戏了，烦死了。

姥姥气哭了，离开酒桌，回房间独自哭泣。宝爸看到“神兽”这么不尊重姥姥和姥爷，追赶过去，训斥“神兽”为什么只顾玩游戏，不向姥爷说祝福的话。

“神兽”一边玩游戏一边说：“去年，我爷爷过生日时，妈妈就不说话，一直低头玩手机，从网上买化妆品，发微信朋友圈。”

在场的人们听完“神兽”的话，个个表情惊愕，看着我，我羞愧难当，不知说什么才好，看来这就是上行下效呀！

这件事看似家庭小事，其实是做人的大事，宝妈错误言行，给“神兽”造成了不良的影响，要深刻反思。

群主——博士李多心

这件事告诉“宝妈”们，“神兽”不孝敬的问题是一个严肃的话题，需要从背后找原因，务必要引起宝妈们重视，以免毁掉“神兽”的一生。

副群主——心理专家王爱心

王爱心总结出宝妈眼里“神兽”的问题：

“神兽”冷漠，不关心妈妈，只有他自己。

“神兽”平时与妈妈没有几句话，甚至故意躲着妈妈。

“神兽”对妈妈态度生硬，没有礼貌。

“神兽”故意与妈妈对着干，不听话。

“神兽”自私、任性，提出要求不答应就与妈妈生气。

“神兽”看不见妈妈工作辛劳，平时没有任何关心问候的话语。

“神兽”嫌弃妈妈没有地位、没有金钱、没有漂亮的衣服，甚至瞧不起妈妈。

“神兽”犯了错误，不但不接受批评，甚至顶撞妈妈，强词夺理。

“神兽”小学、初中到高中，早上都是妈妈叫醒、开车接送，衣来伸手，饭来张口。

“神兽”不学国知识的内涵，只是背诵，不去践行。

群军师——哲学家张细心

张细心总结出“神兽”眼里宝妈的问题：

我妈不给爷爷、奶奶好脸色，也不爱与爷爷、奶奶说话。

我妈对姥姥、姥爷没有好脾气。

我妈很少主动回去看望爷爷、奶奶。

我妈平时不舍得给爷爷、奶奶买东西。

我妈几乎不帮爷爷、奶奶干活儿。

我妈不给姥爷、姥姥钱。

我妈不陪伴爷爷、奶奶去医院看病。

我妈没有给爷爷、奶奶过生日。

我妈不爱阅读，不给我讲国学经典，不带我外出参观，不给我讲家史、家训与家规。

群参谋——体育教练徐知心

徐知心总结出“神兽”的心理：

为什么要孝敬妈妈呢？她很厉害，不需要我孝敬。
我是未成年人，谈什么孝敬妈妈呢？
我没有钱，让我怎么孝敬妈妈呢？
妈妈生了我，就要养育我。
妈妈总是唠叨，贬低我，我不想与她一起生活。
孝敬妈妈有什么标准吗？我不知道。
妈妈不值得我去孝敬，她自己都没有做好。
我最希望妈妈是个孝敬之人。

“妈妈帮”群员——宝妈 08 问：
如何寻找根源呢？请各位宝妈们指教。

群监督——艺术家赵美心

赵美心说宝妈的问题：

宝妈不爱学习，更不爱阅读国学经典，脑子里没有做人的知识储备，不会教育“神兽”。

宝妈没有制定家规、家训，没有认认真真地写家史，导致教育“神兽”没有方向感，底气不足。

宝妈在养育“神兽”时，忽视了孝敬教育，总认为“神兽”长大了就知道孝敬了，甚至有意无意地让“神兽”与孝敬分离，不给“神兽”孝敬的机会，致使“神兽”缺乏生活常识，对人情世故一窍不通，不知道孝敬是什么？为什么要孝敬呢？如何孝敬呢？

宝妈溺爱“神兽”，在孝敬的问题上，什么也不舍得让“神兽”做，甚至阻拦“神兽”孝敬，使“神兽”只是知道“孝敬”二字，却不知道怎么做？具体要做什么？做到什么程度。孝敬有很多种形式，不一定要花钱，有时很多不需要花钱的孝敬才是最好的孝敬。

恭恭敬敬对长辈说话。

发自内心地对长辈微笑。

对长辈说话，多说请、您、谢谢、辛苦了、对不起。

宝妈自己没有起到榜样的作用，自己不主动孝敬长辈，不尊重长辈，对长辈没有耐心，过年过节不主动问候，甚至对长辈不礼貌，让“神兽”看见了不光彩的一面，给“神兽”留下了难以抹去的阴影。

群主——博士李多心

李多心总结出“神兽”的问题：

“神兽”不爱读书，没有知识积累，不知道孝敬的本质，头脑里只有自己，独惯了，一切以自己为中心。

“神兽”践行能力差，知行不能合一，不知道孝与敬的真正含义，嘴上说的与做的完全不一样。

“神兽”对大人的事情漠不关心，不知道妈妈工作辛苦，不理解妈妈。甚至不知道妈妈患有慢行疾病，平时不知道说一句暖心话，不会对妈妈微笑。

“神兽”不愿意长大，不愿意学习做人的知识，外出参观名人故居、先进人物事迹展时，走马观花，一点儿也不上心，竟然不知道历史上许多著名人物都是孝敬的楷模，越是成功人士越孝敬长辈。

“妈妈帮”群员——宝妈 08 问：
请各位宝妈们支招，提供解决问题的办法。

副群主——心理专家王爱心

我的经验是讲故事，让“神兽”认识到不孝敬妈妈的人被人鄙视，没有大出息，更不会有真正的幸福。

我的做法是带“神兽”去敬老院做义工。想方设法让“神兽”明白，一个不孝敬妈妈的人，还能孝敬谁呢？孝敬妈妈是天经地义的事，这是做人的根本。

我的绝招是“穿越”，让“神兽”明白生命的意义，生命是从哪里来的，要延续到什么地方去，“神兽”对于妈妈来说意味着什么？每天都给“神兽”讲述成长的经历，把“神兽”满月的照片、奖状、生日照、幼儿园照、小学照、家庭聚会照给“神兽”看，让“神兽”知道自己是怎么来的，家庭与亲情是怎么回事。

我的方法是与“神兽”共同学习、共同成长，让“神兽”参与制定切实可行的家规，把孝敬写入其中。

我的方法是引导“神兽”参与家庭生活，把家庭收入、开支（生活费、水电费、赡养老人、住房、煤气费、看病、添加的衣服、学费等）如实告诉“神兽”，让“神兽”知道过日子是怎么回事，钱是怎么花的，什么是该花的钱，什么是可花可不花的钱，什么是不该花的钱，尽早明白家庭生活的本质。

我的绝招是实践、参与，结合日常生活进行现场教育，不溺爱“神兽”，给“神兽”孝敬的机会。平时让“神兽”干家务，如买菜、做饭、洗衣服、搞卫生、招待客人等，让“神兽”知道干家务是应该的，是分内的事，不是可有可无的事。

群军师——哲学家张细心

我的经验是与“神兽”一起阅读，一边读一边给“神兽”灌输孝敬是美德的思想，给“神兽”讲“二十四孝”的历史典故，讲历史名人孝敬的故事，使“神兽”明白孝敬是做人的根本。

我与“神兽”共同阅读《健康孩子的十大好习惯》，一边看一边朗读，一边写读后感，效果非常好。

我的绝招是做好榜样，给“神兽”做好示范，让“神兽”在孝敬的家庭氛围里受到感染，在“神兽”心里留下妈妈是孝敬的“模板”，激励“神兽”自觉地继承孝敬的传统美德。

群参谋——体育教练徐知心

我的做法是引导“神兽”读好书、会读书，在书中明白孝敬的真谛，努力去尽孝。孝敬不是简单的两个字，而是需要付出艰苦的努力。

我的经验是注重口号的作用，与“神兽”一起在家里的明显位置张贴一些关于孝敬的提示语，让“神兽”每天都能看见、都能思考，都能悟出孝敬是做人之本，日积月累，就会形成孝敬的好品质。

如：我要做孝敬的人！

妈妈，您辛苦了！

妈妈，您喝水！

群公告

孝敬要自觉自愿，发自内心，逐渐养成习惯，无怨无悔，持之以恒，坚持下去。

每日“五个一”工程

☐ 陪伴“神兽”朗诵一首诗；

☐ 陪伴“神兽”画一幅画；

☐ 陪伴“神兽”户外运动；

☐ 陪伴“神兽”看《新闻联播》；

☐ 陪伴“神兽”自然聊天儿。

亲子作业

“神兽”！你孝敬吗？　　是（　）　否（　）

“神兽”！请回忆出你孝敬的一件事：

____

宝妈与“神兽”！你们感悟到了什么呢？

A. ______________________________

B. ______________________________

03
吃亏的话题

宝妈 09 紧急求救

“神兽”被同学打了

宝妈 09

我家的“神兽”因为值周工作（倒垃圾）干多了，骂同学偷懒、耍滑头。

同学气愤不过，拿起扫把朝他打去。由于情况突然，躲闪不及，鼻子被打出了血。“神兽”抡起垃圾筐就要砸同学，幸亏被路过的其他同学拉住，否则不知道要闹出什么“新闻”。

老师把“神兽”与同学叫进办公室，严肃批评了他们的错误行为。同时，详细、认真地讲解了“吃亏是福”的道理。

同学和“神兽”明白了吃亏是福的道理后，互相承认了错误，表示坚决改正，手拉手，和好如初了。

走出办公室的门，我家神兽说了一句让老师非常震惊的话：“我妈妈嘱咐我在外面不能吃亏，不能让着别人，谁打我，我就狠狠地打回去，该出手时就出手。”

老师感觉问题严重，主动与我联系，指出我的问题，希望我注意言行，别误导了“神兽”。

我诚恳地接受了老师的批评，静下来思考，非常后悔以前说出的不负责任的话。所以，紧急呼吁“妈妈帮”群里宝妈们注意，宝妈的言行对“神兽”的成长极为关键，当着“神兽”的面说话时，需要谨慎。

群主——博士李多心

这件事告诉“宝妈”们，“神兽”不知道“吃亏是福”的道理，听了宝妈平时说的“坏话”，潜移默化，养成了斤斤计较的处事方法，值得宝妈们深思。

副群主——心理专家王爱心

王爱心总结出宝妈眼里“神兽”的问题：

“神兽”在学校做值日，多干了点儿活儿，就与同学生气，或闷闷不乐。

神兽”在公共汽车上、地铁里被人踩了一脚，与人家吵架，眼睛瞪人家，不依不饶的样子。

“神兽”参加班集体活动时，付出的精力、财力、物力多了，就抱怨同学滑头、懒惰、狡猾等。

“神兽”与同学玩时，自己的玩具不许同学玩，不能与同学分享。

“神兽”的课外书籍很多，不愿意借给同学看。

“神兽”有好的学习方法，深藏不露，不主动帮助同学。

“神兽”不愿意帮助别人，总是抱着多一事不如少一事的态度。

“神兽”关注长辈给红包的数额，别人多给他（她）可以，要求妈妈不能多给其他（她）孩子。

群军师——哲学家张细心

张细心总结出“神兽”眼里宝妈的问题：

我妈经常说在外面绝对不能吃亏。

我妈经常嘱咐我在学习上不要随意帮助同学，同学会了，你就倒数排名了。

我妈总说在外面遇到事情躲着走。

我妈买东西时，砍价厉害，不能吃一点儿亏。

我妈在单位加班时，讨价还价，总说不能白干。

我妈的同事找她帮忙，她总是以各种借口推辞掉。

我妈不借给同事、朋友与亲戚钱，有钱也说没有钱。

我妈总是想占别人（商家）的便宜。

我妈去超市，总是悄悄地拿许多公用的购物免费塑料袋。
妈妈没有对我进行“吃亏是福”的教育呀？

群参谋——体育教练徐知心

徐知心总结出“神兽”心理：

为什么要吃亏呢？
吃亏就是脑子进水了，我才不想呢？
我只管我自己的事情。
班里的事情该谁干谁干，与我无关。
有的同学爱占便宜，我为什么要吃亏呢？
现在谁还讲吃亏呀！同学们会说你傻。
吃亏有时候久了，同学们就故意欺负你。
我最希望妈妈是心甘情愿吃亏的人。

“妈妈帮”群员——宝妈 09 问：
如何寻找根源呢？请各位宝妈们指教。

群监督——艺术家赵美心

赵美心说宝妈的问题：

宝妈不爱学习，更不爱阅读，脑子里“墨汁”少，自己都不太清楚“吃亏是福”的道理，所以，无法教育“神兽”。

宝妈没有耐心，亲子关系紧张，不主动、不认真、不经常给“神兽”讲“吃亏是福”的道理，甚至还嘱咐“神兽”不能吃亏，教给“神兽”如何占便宜的妙招等，等于纵容“神兽”与同学争、最终使“神兽”受到伤害。

宝妈的处世哲学就是不能吃亏，只能占便宜，“神兽”耳濡目染，逐渐就形成了不能吃亏，只能占便宜的处事态度。

宝妈娇惯溺爱“神兽”，在家里处处以“神兽”为中心，好吃的、好穿的、好玩儿的、好用的先给“神兽”，无底线地满足“神兽”，导致“神兽”自私自利，随心所欲。

宝妈没有警惕性，看见“神兽”看课外书，不去检查看的是什么课外书？内容是什么？课外书的来历如何？放任“神兽”乱读课外书，导致“神兽”自私自利，暴力倾向严重，逐渐变成问题“神兽”了。

群主——博士李多心

李多心总结出“神兽”的问题：

“神兽”平时不爱阅读，不明白做人的道理，不明白同学之间交往时吃点儿亏不是坏事的道理。吃点亏从长远看是好事，能真实地反映出人的本性与德性，能得到同学的尊重与信赖，更重要的是使自己心胸开阔、精神愉快。

“神兽”受一些影视作品的影响，脑子里充斥着“暴力”与“抢夺”。有的“神兽”不明白看课外书一定要看好书、看健康的书的道理，悄悄地在地摊上买了一些无用的、杂七杂八、充满暴力与非理性的书，这不是看书，而是在“吸毒”。

“神兽”霸道惯了，被家人“宠上天”了，不知道有时吃点儿亏，还能避免祸端。

“神兽”在家里都是被大家宠着，自己很少让着别人，所以头脑里没有“吃亏”二字，这就容易产生惯性，总是希望别人让着自己，一旦不能达到愿望，就会烦躁、困惑、怄气，或失去理智。

“神兽”模仿妈妈，按照妈妈的模式办事。

“妈妈帮”群员——宝妈 09 问：
请各位宝妈们支招，提供解决问题的办法。

副群主——心理专家王爱心

我的经验是讲故事，通过故事告诉“神兽”吃亏不是什么方面都吃亏，大事讲原则，小事讲风格。不是原则上的事，该吃亏的地方，就不要去争，主动、乐观地吃亏。原则上的事情，不该吃亏的事，坚决不吃亏。

我的做法是玩游戏，通过游戏告诉“神兽”生活中要有吃亏意识，不能光想着占便宜。天底下没有只占便宜不吃亏的道理，这是永恒的真理。

我的体会是讲寓言故事，通过寓言故事告诉“神兽”古代人是如何对待吃亏的，古人交往以吃亏为荣，常见的情景：

借邻居半碗米，还时给一碗。

借邻居 9 个鸡蛋，还时给 10 个。

借邻居 20 个铜板，还时给 21 个铜板等。

这种吃亏是自愿的，是人与人交往的基本原则，引导“神兽”主动学习古人的交往方式，尽量想着多给对方一点儿便宜，多帮助对方。

群军师——哲学家张细心

我的经验是通过参加社会活动，告诉“神兽”积极主动地助人为乐，快乐、真诚地与人交往是应该遵循的原则。平时要主动帮助同学、关心同学，急同学之所急，想同学之所想，不要斤斤计较，要主动付出精力、时间和物质，最终才能赢得同学的赞誉和尊重。

我的办法是写字条，不间断地提醒“神兽”真心助人，无论帮助别人做什么，或者主动想干什么，都要建立在自愿、主动、真诚的基础上，不要抱怨，更不能心存不满，为了蝇头小利去与别人争。

我的秘诀是与“神兽”一起读健康的好书，检查“神兽”读的课外书，分享读书的快乐。

我与“神兽”共同阅读《与人交往——你该怎么办》，一边看一边朗读，一边写读后感，效果非常好。

群参谋——体育教练徐知心

宝妈要以身作则，在“神兽”面前，宝妈要大度，要有吃亏精神，让“神兽”在宝妈身上感悟到吃亏的风度，明白做人的道理。

我的经验是巧妙地找个借口带“神兽”与舅舅见面，往往舅舅的几句话，就能直达“神兽”心灵深处，立竿见影。

要注重口号的作用，在家里的明显位置张贴一些关于“吃亏是福”的提示语，让“神兽”每天都能看见、都能思考，都能悟出“吃亏是福”的重要性，日积月累，就会养成不怕吃亏、愿意吃亏的好品质。

如：吃亏是福！

吃亏是大度的表现！

群公告

吃亏是一种境界，更是个人素质的“试金石”，能直接反映出人心向善的一面，能积累人气，赢得他人的尊敬。

每日“五个一”工程

☐ 陪伴“神兽”朗诵一首诗；
☐ 陪伴“神兽”画一幅画；
☐ 陪伴“神兽”户外运动；
☐ 陪伴“神兽”看《新闻联播》；
☐ 陪伴“神兽”自然聊天儿。

亲子作业

“神兽”！你愿意吃亏吗？　　是（　）　否（　）

“神兽”！请回忆出你吃亏的一件事：

____

宝妈与“神兽”！你们感悟到了什么呢？

A. ____

B. ____

04
爱心的话题

宝妈 10 紧急求救

“神兽”公园里挨批了

宝妈 10

周末，“神兽”在家门口的公园里玩跳绳。一只幼小的麻雀宝宝从树上的巢穴里掉了下来，“叽叽叽”“叽叽叽”地叫个不停。

“神兽”发现了麻雀宝宝，捡起来，准备拿回家喂自己养的一只大花猫。

出公园时，被公园里的管理人员发现，责令“神兽”立刻把麻雀宝宝送回原地，等待麻雀妈妈的认领。同时，告诉“神兽”不能随意抓麻雀，更不能把麻雀宝宝喂猫。告诉“神兽”保护鸟类，人人有责。

“神兽”知道错了，不好意思地说：“我妈妈经常说，麻雀讨厌死了。站在树下，有时鸟屎就会落在身上。老说别让她逮住，逮住就喂猫。”

公园管理人员听了“神兽”的话，责怪妈妈不负责任。

“神兽”的话，说明了一个现实问题，我当着“神兽”的面说麻雀讨厌，缺乏爱心，产生了负面效应，给“神兽”埋下了阴影，需要宝妈们引以为戒。

群主——博士李多心

这件事告诉“宝妈”们，“神兽”把麻雀宝宝拿回去喂猫，

缺乏爱心，内心冷漠，与宝妈的言行有关系，值得宝妈深思，如果不及时矫正，恐怕未来的后果很严重，谁也不希望自己家的“神兽”是个没有爱心的人。

副群主——心理专家王爱心

王爱心总结出宝妈眼里“神兽”的问题：

“神兽”心中只有自己，很冷漠。

“神兽”不知道爱的含义，经常在爱的问题上讨价还价。

“神兽”随心所欲，只要自己开心，不管别人的感受。

“神兽”不愿意献爱心，将来可能是自私的人。

“神兽”不想付出，只想获取，做人的道理一点儿也不懂。

“神兽”的内心充满着暴力，随意踩踏草坪、折树枝与鲜花。

“神兽”有时冷酷无情，父母病了，没有一点儿关爱的表现。姥姥、姥爷、爷爷、奶奶生病了，也不打电话问候一声。

“神兽”把爱看得很狭隘，唯我独尊，这很危险。

“神兽”不爱阅读国学经典，或者阅读了国学经典，也不去实践，等于没有读。

群军师——哲学家张细心

张细心总结出“神兽”眼里宝妈的问题：

我妈经常说管好自己就可以了，献什么爱心呀！

我妈一点儿爱心也没有，麻木冷酷。

我妈只关心自己的事情，如化妆、烫头、看电视、玩牌、打麻将、穿新潮衣服、高跟儿鞋、戴时尚帽子、玩手机、购物等，对别的事情无动于衷。

我妈经常踩踏草坪、折树枝与鲜花，还爬树照相。

我妈公园散步，见到钻出来的蚯蚓立即踩死。

我妈外出见到需要帮助的人与事，从来都是绕着走。

我妈听说捐钱捐物，总是找借口逃避。

群参谋——体育教练徐知心

徐知心总结出“神兽”的心理：

我的年龄还小，不具备献爱心的能力。
献爱心，费力、费时、费心，太傻了吧。
献爱心可能惹祸“中招”，还是别自找麻烦得好。
我不知道献爱心的方式与方法。
听说，献爱心有时暗藏危险，我才不去冒险呢！
为什么要有爱心呢？妈妈没有告诉我呀！
献爱心是大人的事情。
我最希望妈妈是个有爱心的人。

“妈妈帮”群员——宝妈 10 问：
如何寻找根源呢？请各位宝妈们指教。

群监督——艺术家赵美心

赵美心说宝妈的问题：

宝妈没有给“神兽”做出好榜样，不主动去爱、去付出，自私自利，对人、对事、对动植物，冷酷无情、麻木不仁，甚至残害动植物，无形中被“神兽”效仿，起到了反面教材的作用。

宝妈陪伴少，真心交流少，没有告诉“神兽”有爱心才有希望，才是成长的根本。“神兽”如果从小没有爱心，不知道去爱别人、爱自然、爱动植物，只知道索取爱。那么，就会逐渐失去自我，心中的恨就会越来越多，恶性循环发展下去，就会与社会背道而驰。

宝妈读书少、知识储备不多，对“神兽”没有耐心，也没有细致地告诉“神兽”什么是爱心？导致“神兽”不知道爱的内涵，更不知道爱是相互的，在接受别人爱的同时，更要回报他人的爱、回报社会的爱。“神兽”只是贪婪地索取爱，这样很危险，长此下去，“神兽”的心灵会发生严重的扭曲。

宝妈不会计划时间，没有安排出与“神兽”一起阅读的时间，也不引导“神兽”买课外书。由于“神兽”读了良莠不齐的书籍，思想逐渐中毒，心中的爱越来越少。

群主——博士李多心

李多心总结出“神兽”的心理：

“神兽”认为现在根本没有无私的爱，付出爱就要有回报。“神兽”不懂得做人的道理，长大以后，怎么能回报社会呢?

“神兽”喜欢模仿妈妈的言行，妈妈的言行就是指针，出现了“上梁不正下梁歪”的结果。

“神兽”把爱心当成可有可无的事，认为长大了就有爱心了。

“神兽”娇生惯养，不能献出一点点的爱心，只是索取。

“妈妈帮”群员——宝妈 10 问：

请各位支招，提供解决问题的办法。

副群主——心理专家王爱心

让“神兽”明白，无私的爱是人间最真诚的爱，把更多的爱给别人、给动植物、给大自然、给需要帮助的人，不需要回报，这是高贵的品德，这是做人的基本素养。

我的秘密是编创情景剧在家庭演出，每个人都是角色。让“神兽”感悟到爱是世界上最美好的，一个人如果有了爱，看什么都是阳光的，看什么都是快乐的。爱使人懂得人间冷暖、懂得人间生活、懂得人与人之间如何沟通。

我的绝招是时刻提醒自己，宝妈是“神兽”一辈子不下岗的老师，“神兽”在成长过程中，不能太独，如果太独、太自私了，发展下去，最后没有好结果。爱是成长的出发点，也是成长的落脚点。所以，宝妈从小就要把爱的种子种植在“神兽”心中，“神兽”就会自觉地去爱父母、爱老师、爱环境、爱亲人、爱周围所有关心过他的人，爱动植物。

群军师——哲学家张细心

我的经验是天天讲故事，提醒“神兽”明白一个道理，个人成长离不开集体。所以，应想方设法地引导“神兽”去关心别人、去爱别人、去爱大自然、去爱动植物。

我的做法是以身作则，多陪伴“神兽”，多给“神兽”讲爱的代表人物，用好的思想影响“神兽”，用行动告诉“神兽”爱，“神兽”就会受到教育、受到感染，把爱扎根在心里。

群参谋——体育教练徐知心

我与“神兽”共同阅读《价值十亿的教育课》，一边看一边朗读，一边写读后感，效果非常好。

我的经验是注重口号的作用，在家里的明显位置写上一些关于爱心的提示语，让“神兽”每天都能看见、都能思考，都能悟出爱心的重要性，日积月累，就会成为一位爱心满满的人。

如：爱心能增进友谊！

爱心能使人快乐！

爱心需要境界！

群公告

爱是人的天性，人人都应该把献爱心记在心中，把无私的爱表现在具体的行动中，通过具体的行动，回报社会。

每日“五个一”工程

- □ 陪伴“神兽”朗诵一首诗；
- □ 陪伴“神兽”画一幅画；
- □ 陪伴“神兽”户外运动；
- □ 陪伴“神兽”看《新闻联播》；
- □ 陪伴“神兽”自然聊天儿。

亲子作业

“神兽”！你有爱心吗？　　是（　）　否（　）

“神兽”！请回忆出你献爱心的一件事：

____

宝妈与“神兽”！你们感悟到了什么呢？

A. ____

B. ____

05
劳动的话题

宝妈 11 紧急求救

“神兽”不听姥姥话

宝妈 11

周末中午，姥姥在厨房做饭，冲客厅玩游戏的“神兽”高喊：“宝贝，帮姥姥扔厨房垃圾，注意分类投放。”

“神兽”装听不见，继续玩游戏，气得姥姥高血压都犯了，饭也无法做了，回到卧室，吃了好几片降压药。

“神兽”不但不安慰姥姥，还嫌姥姥事多，继续玩游戏。

姥姥晃晃悠悠地走出卧室，看着玩游戏、喝着汽水的“神兽”，气愤地问：“倒个垃圾，能耽误你玩儿吗？怎么这么不爱劳动呢？”

“神兽”头也不抬，理直气壮地说：“我不想扔垃圾，垃圾又脏又臭，我才不想干这样的活儿呢！再说了，被传染上疾病怎么办呢？我妈妈说垃圾里有病菌，不允许我接触垃圾。”

听了“神兽”的话，姥姥无言以对，反复地摇着头。

“神兽”的话，说明了一个现实问题：宝妈表面上看是保护“神兽”，阻止“神兽”参加家务劳动，把扔垃圾与传染病联系在一起，是歧视劳动，致使“神兽”也讨厌劳动。其实是害了“神兽”，需要思考。

我认真反思了一夜，非常懊悔，恨自己不该这样说话。所以，紧急呼吁“妈妈帮”群里的各位宝妈，不要学我。

群主——博士李多心

“神兽”的话，直接指出了家庭教育的关键点——养育什么样的“接班人”。宝妈表面上看是保护“神兽”，担心“神兽”染病，致使“神兽”也讨厌劳动，甚至撒谎躲避劳动，其实是害了“神兽”。这件事告诉“宝妈”，该反思了。

副群主——心理专家王爱心

王爱心总结出宝妈眼里“神兽”的问题：

“神兽”不爱劳动，脑子里就没有“劳动”二字。

“神兽”不遵守家规、家训，不了解家史。好家风继承感、荣誉感意识淡薄，我行我素。

“神兽”不知道为什么要劳动，更不明白劳动意味着什么？

“神兽”不愿意劳动，只知道吃喝玩乐。

“神兽”在家里不干活儿，吃现成的饭，从不收拾屋子，只享受别人的劳动成果。

“神兽”不懂得劳动的重要性，瞧不起劳动者。

“神兽”眼高手低，想得多，做得少。

“神兽”不尊重别人的劳动成果，不知道劳动者的辛苦，经常有意无意地破坏别人的劳动成果。

“神兽”口是心非，说一套，做一套。

群军师——哲学家张细心

张细心总结出“神兽”眼里宝妈的问题：

我妈没有告诉过我家规、家训、家风里有“劳动”这条，我也不知家里有没有家史。

我妈没有告诉我“劳动”二字的内涵呀？

我妈不爱劳动，下班回家躺在沙发上看电视、玩手机。

我妈经常说懒得做饭，点外卖吧！

我妈不爱洗碗、不爱买菜。

我妈宁肯花钱雇人来打扫卫生，也不自己动手。

我妈见到路边的劳动者，总是带着瞧不起的目光。

我妈经常跟我说，在学校不要抢着干活儿，躲远点儿。

我妈干一点儿活儿就喊累——腰疼、颈椎痛、眼睛酸等，可是追剧、上街买衣服、烫发与化妆、玩手机时，却精神十足。

群参谋——体育教练徐知心

徐知心总结出“神兽”的心理：

劳动不是我的事，我长大了才能劳动。

我是未成年人，不能劳动。

妈妈不让我劳动，我也没有办法。

作业多，没有时间劳动，影响了成绩怎么办呢?

劳动既费时间又费力气，吃苦流汗，甚至可能有点儿小外伤，得传染病，我才不愿意劳动呢!

劳动过程中，容易把穿的衣服弄脏了，我才舍不得呢!

现在谁还劳动呀，吃穿不发愁。

我希望妈妈是个热爱劳动的人。

“妈妈帮”群员——宝妈 11：
如何寻找根源呢？请各位宝妈们指教。

群监督——艺术家赵美心

赵美心说宝妈的问题：

宝妈没有立家规，也没有制定家训，更没有给“神兽”讲家史与家风，对“神兽”过于溺爱，不能下狠心，不能经常性地督促“神兽”参加劳动。

宝妈不喜欢读国学经典，思想境界达不到一定的高度。没有采取切实可行的办法对“神兽”进行劳动教育，不给“神兽”创造劳动机会，让“神兽”对劳动有了误解。

宝妈担心“神兽”劳动受伤、得病，没有认真系统地指导“神兽”如何劳动，甚至还阻拦“神兽”去劳动，导致“神兽”畏手畏脚，对劳动有了陌生感、恐惧感。

宝妈自己不爱劳动，好吃懒做，游手好闲，鄙视劳动者，对“神兽”产生了负面影响。

宝妈总以学习为借口，或以“神兽”年龄小为借口，庇护“神兽”，让“神兽”不知道劳动意味着什么。

宝妈教育方法简单、形式单一，不能引起“神兽”对劳动的兴趣与重视。

群主——博士李多心

李多心说“神兽”的问题：

“神兽”总以大人不让劳动、担心染上传染病为借口，逃避劳动。

“神兽”的思想深处有鄙视劳动的想法，觉得劳动低下，让人瞧不起。

“神兽”总认为自己还小，属于未成年人，等长大了再劳动。

“神兽”受不健康书籍、影视作品的影响，厌恶劳动，养成了好吃懒做、坐享其成的习惯。

“神兽”弱不禁风，“怕”字当头，不愿意吃苦受累流汗，遇到劳动的事情，躲得远远的。

“神兽”对家规、家训视而不见，我行我素。

“妈妈帮”群员——宝妈 11 问：
请各位宝妈们支招，提供解决问题的办法。

副群主——心理专家王爱心

我的做法是与“神兽”一起绘画，在图画中给“神兽”讲与劳动有关的故事，让“神兽”明白劳动的意义。

我的经验是主动创造机会，引导、陪伴“神兽”劳动，在劳动中告诉“神兽”一个简单的道理——热爱劳动是获得快乐的法宝。

我的经验是讲述历史，通过历史事实让“神兽”明白为什么劳动是最光荣的呢？因为劳动创造了历史，是劳动创造了世界文明。

我的秘诀是带“神兽”走出去参观，让“神兽”感悟出劳动者是最伟大的人，是最值得人们尊敬的人。劳动能使人智慧，劳动能使人体验成就感，劳动能使人的人生价值最大化。

我的绝招是与“神兽”一起制定家规、家训，大大方方地把“劳动”二字写进去。

群军师——哲学家张细心

我的做法是引导“神兽”在安全的前提下，主动劳动。手把手地教“神兽”做一些力所能及的家务活儿，让“神兽”参与洗碗、扫地、擦玻璃、择菜、动手做饭、倒垃圾、取快递、买菜、磨豆浆等，最后完全放手让“神兽”自己做。无论做到什么程度，都赞扬一番。

我的经验是激发“神兽”劳动的热情，根据“神兽”的特点，不要让“神兽”长时间干一种单调、乏味、有危险的活儿，经常变换劳动样式。注意劳逸结合，不要让“神兽”太累了，以防止出现厌恶心理。

我的做法是请爷爷、奶奶“出山”，因为“神兽”最尊重爷爷、奶奶，让爷爷、奶奶给“神兽”讲劳动的故事、讲老家的故事、讲先祖的故事，逐渐使“神兽”养成爱劳动的好习惯。劳动教育与体验，不能着急，循序渐进，逐步引导。

我的秘诀是恰到好处地鼓励“神兽”、肯定“神兽”、信任“神兽”，快乐地享受、接纳 神兽”的劳动成果，给予“神兽”肯定、表扬，激励“神兽”热爱劳动。

群监督——艺术家赵美心

我与“神兽”共同阅读《价值十亿的教育课》，一边看一边朗读，一边写读后感，效果非常好。

我的办法是去郊区体验种植与丰收，不厌其烦地告诉“神兽”劳动是一种美德，是每一个公民的神圣义务，让“神兽”印刻在脑子里。

我的经验是大胆地让“神兽”参与社区、学校的公益活动，主动去劳动，引导“神兽”爱上劳动，学会劳动，对于磨炼“神兽”的意志、陶冶情操、铸造品德，提高实践应用能力具有不可替代的作用。

群参谋——体育教练徐知心

我的体会是不要轻视口号的作用，在家里的明显位置，与

“神兽”一起张贴一些关于劳动的提示语，让“神兽”每天都能看见、都能思考，都能悟出劳动的重要性，日积月累，就会热爱劳动、愿意劳动、主动劳动。

如：劳动最光荣！

劳动心情舒畅！

劳动受人尊重！

劳动是本能！

群公告

劳动能改变一个人，劳动充满着神奇的力量，能使懒惰之人变勤快，能使畏难之人变勇敢，能使愚钝之人变聪明，能使贪婪之人变慷慨。要经常大声地喊：劳动最光荣！

每日“五个一”工程

- □ 陪伴“神兽”朗诵一首诗；
- □ 陪伴“神兽”画一幅画；
- □ 陪伴“神兽”户外运动；
- □ 陪伴“神兽”看《新闻联播》；
- □ 陪伴“神兽”自然聊天儿。

亲子作业

“神兽”！你热爱劳动吗？　　是（　）　否（　）

“神兽”！请回忆出你热爱劳动的一件事：

____

宝妈与“神兽”！你们感悟到了什么呢？

A. ____

B. ____

06
宽容的话题

宝妈 12 紧急求救

“神兽”在公交车上的表现

宝妈 12

放学了，我家“神兽”在公交车上被一位阿姨不小心踩了脚，不碍事。“神兽”二话没说，抬脚反踩了阿姨一脚。

阿姨疼得站立不稳，摔倒了。

售票员急忙搀扶起阿姨，严肃批评了“神兽”的错误行为。乘客们也纷纷指责“神兽”的无理行为。

“神兽”不但不认错，反而强词夺理地说：“这是妈妈嘱咐我的，在外面不能吃亏。我白白地被阿姨踩了一脚，阿姨没有说‘对不起’，我心里憋屈，所以要踩回来。”

听了“神兽”的话，人们纷纷摇头，看着不知羞耻的“神兽”，一时无语。

我反思了一夜，非常懊悔，恨自己不该这样说话。所以，我紧急呼吁“妈妈帮”里的宝妈们，在教育“神兽”的问题上，务必要保持清醒。

群主——博士李多心

“神兽”的话，说明了一个现实问题，宝妈的言行对“神兽”的影响很大，如果不加思考，随意乱说，给“神兽”多的负面影

响，最终害人害己。

副群主——心理专家王爱心

王爱心总结出宝妈眼里“神兽”的问题：

“神兽”不爱阅读国学经典，脑子里就没有“宽容”二字。
“神兽”玩心大，不明白宽容的重要性。
“神兽”脾气暴躁，遇到不如意的事情，就耍脾气。
“神兽”不能吃亏，特别计较，总想欺负人，甚至打人、骂人。
“神兽”容不得别人，唯我独尊，经常故意破坏团结。
“神兽”不遵守家规、家训，天马行空。

群军师——哲学家张细心

张细心总结出“神兽”眼里宝妈的问题：

我妈一点儿也不宽容，不允许我犯一点儿错误，动不动就冲我发火。
我妈在外面自以为是，瞧不起别人。
我妈遇到一点儿事情，就咄咄逼人、不依不饶的样子。
我妈开车总是乱抢道、乱按喇叭、乱骂人。
我妈受不了一点儿委屈，经常莫名其妙地哭闹。
我妈与人发生矛盾，有了误会，总是责怪别人。
我妈不爱阅读，脑子里没有知识。
我妈没有告诉过我家规、家训、家风是什么。

群参谋——体育教练徐知心

徐知心总结出“神兽”的心理：

宽容是大人的事，我是小孩，别人都要让着我。
为什么要宽容呢？我才不受委屈呢！
妈妈没有告诉我宽容的含义。
现在是竞争的社会，宽容就等于犯傻。
有了矛盾，不去争辩，以后会受窝囊气。
妈妈告诉我在外面不能受到一点儿侵犯，一定要以牙还牙。

“妈妈帮”群员——宝妈 12 问：
如何寻找根源呢？请各位宝妈们指教。

群监督——艺术家赵美心

赵美心说宝妈的问题：

宝妈不能以身作则，苛刻、计较等负面的言行在“神兽”心灵深处留下了抹不去的阴影。

宝妈过分溺爱，发现“神兽”的斤斤计较后，舍不得批评教育，基本上处于坐视不理与默许的状态。

宝妈不爱学习、不爱读书，缺乏育儿与心理学知识，不能耐心地给“神兽”讲宽容的本质与宽容界线，致使“神兽”对“宽容”二字很模糊。

宝妈暴力倾向严重，发现“神兽”犯了错误，非骂即打。

宝妈脑子里根本就没有宽容意识，应该教给“神兽”什么，没有认真思考，更没有认真实践，导致无法与“神兽”交流，致使母子、母女显得很生疏，甚至成了仇人。

宝妈陪伴“神兽”少，没有与“神兽”一起制定家规、家训，没有一起写家史。

群主——博士李多心

李多心总结出“神兽”的问题：

“神兽”模仿妈妈的言行，没有一点儿宽容之心。

“神兽”不会宽容别人，遇事就知道计较。

“神兽”总认为现在是未成年人，宽容是大人的事。

“神兽”受影视作品影响，暴力十足，争强好胜，不能受一点儿委屈，总想当“霸王”。

“神兽”在家被大人宽容惯了，到了外面依旧希望被别人宽容，所以处处碰壁。

“妈妈帮”群员——宝妈 12 问：
请各位宝妈们支招，提供解决问题的办法。

副群主——心理专家王爱心

我的做法是给“神兽”更多的引领。平时多进新华书店、图书馆，陪伴“神兽”多读健康的好书、多读国学经典，积累教育“神兽”的经验。

我与“神兽”共同阅读《小学生心理建设 53 例》，一边看一边朗读，一边写读后感，通过阅读明白“宽容”二字的真正含义。

我的经验是讲故事，在故事中给“神兽”讲清楚宽容是一种涵养、风度、境界和智慧，是成长中必须具备的品德。

我的体会是“神兽”宽容与否，与宝妈的宽容与否有很大的关系。宽容的宝妈，“神兽”有安全感、归属感、幸福感，“神兽”就会自信、从容和乐观。

群军师——哲学家张细心

我的体会是允许“神兽”犯错误，允许“神兽”出点儿格，允许“神兽”与你辩论，这样才能使“神兽”感到轻松、愉悦，逐渐从中悟出宽容的重要性。

要通过鲜活的事例，或模拟情景剧的方式，引导“神兽”遇到事情多思考，逐渐变得谦让、大度与善良。

群参谋——体育教练徐知心

我的经验是以身作则，对待“神兽”要宽容，自身的素质要提高，以自身良好的表现让“神兽”在宝妈身上感到宽容的力量，感到真正的母爱，这样对“神兽”的健康成长十分有益。

我的做法是注重宣传，在家里的明显位置张贴一些关于宽容的提示语，让“神兽”每天都能看见，日积月累，就会形成宽容的好品质。

如：退一步海阔天空！

有容乃大！

宰相肚里能撑船！

群公告

宽容是一种雅量，更是一种人生的境界。宽容了别人就等于宽容了自己。

每日“五个一”工程

☐ 陪伴“神兽”朗诵一首诗；

☐ 陪伴“神兽”画一幅画；

☐ 陪伴“神兽”户外运动；

☐ 陪伴“神兽”看《新闻联播》；

☐ 陪伴“神兽”自然聊天儿。

亲子作业

“神兽”！你宽容吗？　　是（　）　否（　）

“神兽”！请回忆出你宽容的一件事：

____

宝妈与“神兽”！你们感悟到了什么呢？

A. ______________________________

B. ______________________________

群公告三

用严谨的生活规律带动“神兽”

01
时间管理的话题

宝妈 13 紧急求救

“神兽”没有赶上高铁

宝妈 13

我家的“神兽”不知道管理时间的重要性，平时没有时间观念，不知道“时间如流水，一去不复返”的道理，每天玩得昏天黑地，玩具堆满一大屋子。最突出的是爱睡懒觉，很难叫醒。

暑假到了，“神兽”与爸爸报了 7 日游。早上 5 点的高铁，爸爸说凌晨 3 点半从家出发，以免耽误进站时间。凌晨 2 点 30 分，闹表响了足足有 1 分钟，“神兽”就是不起。

爸爸在厨房做饭，多次催促“神兽”起床准备出门，“神兽”依旧睡得香甜。直到 3 点才懒洋洋地起床。

爸爸急得大声催促：“快点儿，快点儿。”

“神兽”慢悠悠的，去卫生间方便，洗漱、喝水、喝牛奶、吃面包、收拾包、带玩具、课外书，4 点才出门。不巧，爸爸的车有故障，只好走出小区打车去高铁站，又耽误了二十多分钟。到了高铁站，已经错过了进站时间。“神兽”哭了起来，希望能检票进站。

工作人员无奈地说：“这是规定，迟到 1 分钟，也不可能了。高铁的开车时间非常严格，必须要有时间观念，珍惜每 1 分钟，不能拖延、浪费时间。你们怎么不早点儿出来呢？”

听完工作人员的话，“神兽”看着关闭的检票口，顿时知道了时间的真正含义，抱怨地说：“都怪我妈妈，平时爱睡懒觉，掐着点儿出门上班，甚至一边吃一边出门，经常说晚点儿就晚点儿，有什么好怕的，晚点儿天塌不下来，时间多着呢！”

听了“神兽”的话，人们面面相觑，一时无语了。

“神兽”阴沉着脸回到家，冲我发火。我思考了许久，深感消极的言行对“神兽”影响，宝妈们要深思。

群主——博士李多心

“神兽”的话，说明了一个非常简单的道理，宝妈的言行对“神兽”的影响很大，有时是根深蒂固的，隐患多多，必须慎言、慎行。

副群主——心理专家王爱心

王爱心总结出宝妈眼里“神兽”的问题：

“神兽”不爱学习，知识储备少，没有时间观念，真没有办法。

“神兽”放学进家后，懒洋洋的，看电视、吃零食、喝饮料，就是不抓紧时间写作业。

“神兽”早上就是不想起床，磨磨叽叽的样子，上学都快晚了。

“神兽”吃饭时说话、看电视、玩玩具，断断续续地吃，拖拉的厉害。

“神兽”的正事（学习）不抓紧时间，没有用的事情（玩游戏、看电视动画片）却不惜时间成本。

群军师——哲学家张细心

张细心总结出“神兽”眼里宝妈的问题：

我妈不爱阅读，脑子里没有什么“墨水”，没有对我进行过时间管理教育。

我妈平时也没有时间观念，经常迟到早退。

我妈办事磨蹭、拖拉，今天的事情说明天干，明天的事情说后天干，一拖再拖。

我妈喜欢追剧，经常偷偷地熬夜看电视连续剧。

我妈外出不会计算时间，不是早了就是晚了。

我妈周末睡懒觉，说好了早上 9 点带我出门玩儿，可是到了中午也出不了门。

我妈打牌上瘾，把正事都忘记了。

我妈喜欢玩手机游戏，手机不离手，上卫生间也玩儿，耗费了很多宝贵时间。

我妈总说“时间就是生命”，我难以理解。

我妈总对我嚷嚷，快点儿、快点儿、快点儿，为什么要快点儿呀？

我妈不守时，应邀办事，总是迟到，还撒谎说堵车。

群参谋——体育教练徐知心

徐知心总结出“神兽”的心理：

我妈经常说我慢腾腾的，我也不知道哪里慢了。

我妈经常说时间如流水，可是我觉得时间还长着呢，着什么急呀！

我妈总说我慢，可是快了又能怎么样呢？

我妈没有对我强调过时间的重要性。

我的年龄小，爱玩儿是天性，边做事边玩儿，有什么错呢？

守时有那么重要吗？晚点儿又能怎么样？

我妈总说着什么急呀，来得及、来得及。

我最希望妈妈是个会管理时间的人。

“妈妈帮”群员——宝妈 13 问：

如何寻找根源呢？请各位宝妈们指教。

群监督——艺术家赵美心

赵美心说宝妈的问题：

宝妈没有带好头，生活中缺乏严谨的时间概念，日子过得懒懒散散，时间效率不高，无形中给“神兽”造成了负面影响。

宝妈不爱读书，知识储备少，不能给“神兽”认真讲解“时间”二字的真正含义，更没有耐心细致地告诉“神兽”时间就是生命的道理，致使“神兽”对时间概念很模糊。

宝妈忽视了对“神兽”的时间管理教育，“神兽”不知道如何管理时间、如何计算时间？如何挤时间？如何分配时间？等等。

宝妈平时马马虎虎、大大咧咧的样子，没有针对自己家庭情况，制订时间计划表，导致“神兽”从小没有计划时间的好习惯。

群主——博士李多心

李多心说“神兽”的问题：

“神兽”没有时间观念，主要原因是根本不懂得时间就是生命的道理。

“神兽”读的课外书不少，但是领悟“时间”二字却是少得可怜，生活中松松垮垮，没有紧迫感、危机感，出现了学习上磨磨蹭蹭、玩上大大方方的结局。

“神兽”缺乏远大理想与追求，生活在安乐的环境里，逐渐养成了懒散的惯性。

“神兽”模仿大人的懒散的言行，更加理直气壮地拖拉、懒散，浪费时间了。

“神兽”模仿能力强，对电视动画片里的“坏”人物、磨蹭人物、浪费时间人物很欣赏，甚至顶礼膜拜。

“妈妈帮”群员——宝妈 13 问：
请各位大咖支招，提供解决问题的办法。

副群主——心理专家王爱心

我的经验是通过“时间沙漏”讲道理，让“神兽”观察沙子的流失情况，知道生命是用时间来计算的，今天的时间过去了，再也不会回来了。只有抓住今天，管理好时间，才能过得有意义。

我的做法是利用各种机会，不厌其烦地给“神兽”讲名人、古人、英雄人物惜时、守时的故事，让“神兽”逐渐对时间形成概念，实现由散漫到惜时、守时的过程转变。

群军师——哲学家张细心

我的办法是帮助"神兽"制定时间分配使用表，最好精确到分钟。把每天的时间分为五大块，具体：

1. 睡觉 8 小时，不能随意改变。

2. 学习 10 小时。

3. 吃饭 1 小时。

4. 锻炼身体 1 小时。

5. 机动 4 小时。

我的秘诀是根据"神兽"的实际情况，细化时间，严格落实，科学制作时间使用表格，把"神兽"每天的时间利用情况如实打分，找出问题，及时修正。

我的经验是通过讲寓言故事，引导"神兽"在学习的问题上必须珍惜时间，不能回家就看电视、玩游戏、喝饮料、睡觉，要把时间倾斜在学习上，创造学习型家庭。

通过鲜活的事例，告诫"神兽"，如果从小没有时间观念，在成长过程中就会埋下"祸根"。

群参谋——体育教练徐知心

我的体会是言传身教，正确引导"神兽"学会惜时、守时，指导"神兽"合理利用时间，做时间的主人，而不是做时间的奴隶。

我比较注重口号的激励作用，在家里的明显位置张贴一些关于时间的提示语，让"神兽"每天都能看见、都能思考、日积月累，就养成管理时间的好习惯了。

如：寸金难买寸光阴！

人生巨大的财富就是时间！

时间对于任何人来说都是平等的！

群公告

明白时间管理的重要性，才能驾驭好有限的生命。珍惜了时间，就等于珍惜了生命。时间如流水，一去不复返。

每日“五个一”工程

□ 陪伴“神兽”朗诵一首诗；
□ 陪伴“神兽”画一幅画；
□ 陪伴“神兽”户外运动；
□ 陪伴“神兽”看《新闻联播》；
□ 陪伴“神兽”自然聊天儿。

亲子作业

“神兽”！你珍惜时间吗？　　是（　）　否（　）

“神兽”！请回忆出你珍惜时间的一件事：

____

宝妈与“神兽”！你们感悟到了什么呢？

A. ______________________________

B. ______________________________

02
卫生的话题

宝妈 14 紧急求救

“神兽”进校门时口罩脏了

宝妈 14

早上，我家“神兽”来到学校，进门时，值周老师说“神兽”的一次性口罩太脏了，为什么没有更换新口罩？

“神兽”对照镜子，发现自己的口罩确实脏的不像样子了。不但起不到防护作用，甚至可能成了病菌滋生地。“神兽”羞愧地低下头，不敢直视值周老师。

老师很关心“神兽”，没有责怪，从自己的包里拿出一个新口罩给“神兽”戴好，嘱咐“神兽”回家以后，让妈妈认真检查口罩，定期更换，才能保证健康。

“神兽”戴着老师给的新口罩，高高兴兴地走向教室，扭头说：“老师，还是你去劝说我妈吧。我妈的口罩也是几天不换，都有味儿了。”

听了“神兽”的话，老师感到问题严重，主动与我联系，指出我的问题——不认真检查“神兽”的口罩、不及时督促“神兽”换口罩。

我羞愧难当，无地自容，急忙承认错误，保证改正。第二天早上，我给出门上学的“神兽”戴上新口罩，还给“神兽”的书包里放了一包备用的口罩。

第二天“神兽”进入了学校大门，老师表扬“神兽”知错就改，是个讲卫生的好学生。

群主——博士李多心

“神兽”虽然说出了家庭隐私，但是验证了一句老话——有什么样的妈妈，就有什么样的“神兽”。需要宝妈们认真反思，在卫生健康的问题上，千万不能麻痹大意。

副群主——心理专家王爱心

王爱心总结出宝妈眼里“神兽”的问题：

“神兽”不爱读健康科普书，不知道在书中可以学习到讲卫生的知识。

“神兽”不洗手就吃东西，经常闹肚子。

“神兽”早上经常不洗脸就出门上学。

“神兽”喜欢穿球鞋，活动量大，不爱洗袜子、不爱洗脚，屋子里臭气熏天。

“神兽”经常上火，消化也不好，大便没有规律，几天不解一次大便，内毒导致火旺、焦躁。

“神兽”没有搞个人卫生的意识，自己的屋子里杂乱无章，东一件西一件物品，简直无法迈脚。

“神兽”不讲文明，经常乱扔白色垃圾，随地吐痰。

“神兽”不爱刷牙，牙齿都黄了，口味难闻。

“神兽”不会自己洗衣服，也不主动换衣服。

“神兽”不爱剪指甲，指甲又长又脏。

“神兽”不爱理发，头皮痒痒的，都长虱子了。

群军师——哲学家张细心

张细心总结出“神兽”眼里宝妈的问题：

我妈没有给我讲过卫生的重要性。

我妈也不爱洗澡、洗头、洗衣服、洗脚、洗袜子、晒被子、刷鞋。

我妈常追剧、睡懒觉、不刷牙。

我妈的屋子里到处都是衣服、化妆品、画报。

我妈不爱搞卫生，家里脏乱差。

我妈吃东西有时也不洗手，还经常说“不干不净，吃了没病”。

我妈不愿意搞卫生间的卫生，家里的卫生间味道难闻。

妈妈没有耐心、仔细地指导我讲卫生的细节。

群参谋——体育教练徐知心

徐知心总结出“神兽”的心理：

作业多，没有时间讲卫生。

我也不是帅哥美女，讲什么卫生呀！

大人都帮我讲卫生了，我没事可干了。

把时间、精力都花在讲卫生上，不划算。

随地吐口痰不算什么事。

刷牙、洗澡、洗脚、洗头、洗脸和剪指甲很麻烦，懒得刷、懒得洗、懒得剪。

我的手看着不脏，吃东西前没有必要洗了。

我口罩不脏，不需要天天换。

我最希望妈妈是个讲卫生的人。

“妈妈帮”群员——宝妈 14 问：
如何寻找根源呢？请各位宝妈们指教。

群监督——艺术家赵美心

赵美心说宝妈的问题：

宝妈不爱学习卫生知识，更没有认真地指导“神兽”讲卫生。

宝妈对“神兽”娇惯过度，包办太多，给“神兽”洗衣服、袜子，叠被子，刷鞋，收拾屋子等，让“神兽”惰性成瘾，逐渐对讲卫生陌生了，自己应该做的小事都变成了妈妈该做的了，好像讲卫生和自己没有任何关系了。

宝妈不重视培养“神兽”的好习惯，在讲卫生的问题上没有引导“神兽”养成好习惯。宝妈从小没有意识到培养“神兽”讲卫生的好习惯有多么的重要，不告诉“神兽”讲卫生的具体标准，最终等于放任了“神兽”不讲卫生。

宝妈粗心大意，知道“神兽”借口学习任务重，时间紧张，根本顾不上讲卫生，为自己开脱时，不严肃批评、不适当惩罚、不教育引导，等于默认“神兽”不用讲卫生。

宝妈自己也不讲卫生，无形中成了“不卫生”的示范典型。

宝妈口罩脏了也不及时换，连续戴几天，都有异味了。

群主——博士李多心

李多心说“神兽”的问题：

“神兽”不知道讲卫生的重要性，懒字当头。

“神兽”不会讲卫生，不知道讲卫生的具体标准。

“神兽”玩心大，把讲卫生的事忘得一干二净。

“神兽”看见大人不讲卫生，自己也效仿，久而久之，觉得没有错。

“神兽”长期被大人溺爱，单独外出活动时，卫生极差。

“妈妈帮”群员——宝妈 14 问：
请各位宝妈们支招，提供解决问题的办法。

副群主——心理专家王爱心

我的经验是以身作则，言传身教，通过绘画的方式，教育“神兽”从小养成讲卫生的好习惯，自觉地遵守各种规定，不随地丢弃垃圾。

我的体会是请“高人”来与“神兽”交谈，“高人”最好是“神兽”最敬佩的亲人，或小区里的卫生标兵。通过交谈，让“神兽”明白，讲卫生光荣，不讲卫生可耻。讲究卫生能反映人的精神面貌与素质的高低。“神兽”如果连个人卫生都搞不好，未来很难有大的作为。

我的做法是编创与卫生有关系的情景剧，全家人都是角色，一边演一边督促“神兽”讲卫生，使“神兽”明白讲卫生的重要性，知道一个人的卫生状况，代表一个家庭、一个学校甚至一个国家的素质，必须引起重视。

群军师——哲学家张细心

我的做法是结合事例，通过健康挂图，告诉“神兽”讲卫生与预防疾病的关系，使“神兽”由被动地讲卫生转化为主动地讲卫生。讲卫生不单纯是一个人的事，它关系一个家庭、一个学校甚至一个民族的健康。如果一个人不讲究卫生，患了传染病，就可能给其他人造成灾难性的后果。

我的经验是在家里宣传卫生科普知识，通过图例，让“神兽”明白一个道理：你对身体好（个人卫生好），身体就会对你好，这是最公平的“交易”，不能讨价还价。具体做好以下十点：

一是饭前、便后、进门、拿完东西要洗手。

二是勤剪手（脚）指甲。

三是勤理发、洗澡、洗头、洗手、洗脚、刷牙。

四是规律大、小便。

五是定期换洗外衣、内衣、袜子。

六是被子要常晒。

七是室内要经常通风。

八是屋子整洁干净。

九是不乱吃东西。

十是出门戴口罩。

群参谋——体育教练徐知心

我与“神兽”共同阅读《健康孩子的10大好习惯》，一边看一边朗读，一边写读后感，让“神兽”在书中明白“卫生”二字的真正含义。

要注重口号的作用，在家里的明显位置张贴一些关于卫生健康的提示语，让“神兽”每天都能看见，日积月累，就会养成讲卫生的好习惯了。

如：勤洗手！

出门戴口罩！

勤通风！

讲卫生是健康的保证！

群公告

天天讲卫生，一生才健康。讲究卫生，不论年龄大小，必须从自己做起。个人卫生不仅关系个人的身体健康，也关系家庭、个人与学校的“脸面”，务必引起重视，不能当儿戏。

每日“五个一”工程

- ☐ 陪伴“神兽”朗诵一首诗；
- ☐ 陪伴“神兽”画一幅画；
- ☐ 陪伴“神兽”户外运动；
- ☐ 陪伴“神兽”看《新闻联播》；
- ☐ 陪伴“神兽”自然聊天儿。

亲子作业

“神兽”！你讲卫生吗？　　是（　）　否（　）

“神兽”！请回忆出你讲卫生的一件事：

____

宝妈与“神兽”！你们感悟到了什么呢？

A. ______________________________

B. ______________________________

03
强健体魄的话题

宝妈 15 紧急求救

“神兽”晕倒了

宝妈 15

早上，我家的“神兽”追赶公共汽车，眼前一黑，晕倒在马路边，被人们送到了医院。

经过医生的急救，恢复了正常。我赶到医院询问医生是什么原因。

医生说是低血糖引发的昏厥，需要加强营养，科学减重。目前，“神兽”的体重超标严重。如果不注意锻炼身体、不注意监测体重，就会影响健康。

“神兽”当着医生的面，气愤地说：“妈妈，都怨你，你总是说唐朝以肥胖为美，吃了喝了就得到了。现在你体重超标，不爱锻炼，爱睡懒觉，早就是‘三高’的病人了，还总让我吃肉、油炸食品、烤串、巧克力，不允许我外出锻炼身体，阻止我与同学跳绳、跳皮筋，我被你影响坏了。”

听了“神兽”的话，我脸一红，不敢看“神兽”的眼睛。医生客观地批评了我不能以身作则，没有带好头。

“神兽”的话虽然有些不礼貌、不尊重我，但是也让我突然清醒过来，也明明白白地告诉了大家一个事实，宝妈的言行在“神兽”成长过程中是非常重要的！

群主——博士李多心

“神兽”的话虽然有些不礼貌、不尊重宝妈，但是也说明了一个问题：宝妈的言行在“神兽”的成长过程中极其重要。

副群主——心理专家王爱心

王爱心总结出宝妈眼里“神兽”的问题：

“神兽”不爱读健康方面的书籍，对运动与健康很陌生。

“神兽”爱睡懒觉，爱躺着，体重严重超标，走路气喘吁吁，上楼梯都费劲儿。

“神兽”得了近视，还不认真做眼睛保健操。

“神兽”不爱运动，从来不主动锻炼身体。

“神兽”有点儿驼背，读书时坐姿总是不正。

“神兽”喜欢熬夜，悄悄地玩游戏、看画报。

“神兽”竟然得了糖尿病、高血压、痔疮、高度近视、斜视。

“神兽”熬夜写作业、看课外书，大脑过于疲劳，得了神经衰弱、严重失眠，吃饭也没有胃口。

群军师——哲学家张细心

张细心总结出“神兽”眼里宝妈的问题：

我妈粗心大意，不爱读书，不陪伴我，没有耐心告诉我健康体魄的重要性。

我妈不爱锻炼，就是爱睡懒觉。

我妈回家就喊累，吃完饭就躺在沙发上看电视。

我妈吃的零食多，肚子大，太臃肿了。

我妈站没有站相，坐没有坐相，脊椎扭曲，弯腰驼背。

我妈几乎天天熬夜看电视、玩手机，眼睛高度近视，换了几次眼镜了。

我妈运动量少，特别馋肉，爱吃甜点，得了“三高”。

我妈经常说锻炼不锻炼都一样，一切都是命中注定。

我妈从来不带我外出锻炼身体。

群参谋——体育教练徐知心

徐知心总结出“神兽”的心理：

作业都写不完，没有时间锻炼。

近视眼很正常，学生哪有不近视的呢？

我想外出锻炼，妈妈阻拦我，只是让我在家写作业。

学校的课间操、眼保健操、体育课等于锻炼了，放学以后，没有必要再锻炼了。

外出锻炼有危险，大人不放心。

我最希望妈妈是个体魄强健的人。

“妈妈帮”群员——宝妈 15 问：
如何寻找根源呢？请各位宝妈们指教。

群监督——艺术家赵美心

赵美心说宝妈的问题：

宝妈没有以身作则，自己不爱锻炼身体，蜗居在家里睡懒觉、看电视、玩儿手机、玩儿牌、化妆，严重影响了“神兽”锻炼身体的心情与兴趣。

宝妈不重视“神兽”锻炼身体的事情，没有督促、指导“神兽”锻炼身体，说话不考虑后果，是导致“神兽”厌倦锻炼身体的一个重要原因。

宝妈对“神兽”外出锻炼身体有偏见，片面地认为“神兽”锻炼就是玩儿，会耽误学习，所以成了阻拦“神兽”外出锻炼身体的“绊脚石”。

宝妈不爱阅读健康科普书籍，对健康的体魄也是一知半解，所以无法科学指导“神兽”锻炼、饮食、休息等。

群主——博士李多心

李多心说“神兽”的问题：

“神兽”对具备健康的体魄对成长的重要意义还没有引起足够的重视，大多采取顺其自然的态度。

“神兽”对锻炼身体有偏见，认为是多余的事情，所以出现了自己透支身体、“摧残”身体的现象。

“神兽”看见妈妈不锻炼身体，听了妈妈排斥锻炼身体的话，受到了负面影响。

“神兽”认为自己年龄小，锻炼身体是老年人的事情，长大了再锻炼。

“神兽”怕吃苦、流汗、受伤，所以不愿意受苦、受累、流汗。

“神兽”认为——不锻炼身体，身体也好好的呀，为什么要多此一举呢？

“妈妈帮”群员——宝妈 15 问：
请各位宝妈们支招，提供解决问题的办法。

副群主——心理专家王爱心

我的经验是与“神兽”互动，密切亲子关系，在轻松、自然的状态下，共同学习关于健康与运动方面的知识，不厌其烦地告诉“神兽”，强健的体魄是实现理想最基本的条件；是完成学业的重要保证。要想有强健的体魄，科学锻炼是关键，要把锻炼与吃饭、喝水、睡觉、学习一样对待，才能保证身体健康，才能保证学习与生活顺利地进行下去。

我与“神兽”共同阅读《健康孩子的 10 大好习惯》，一边看一边朗读，一边写读后感，让“神兽”在书中明白“锻炼”二字的真正含义。

我的做法是学习儿童心理学知识，尊重“神兽”的意见，根据“神兽”的年龄、学习与身体情况，合理科学地帮助“神兽”制订锻炼计划，选择适合自己的锻炼项目，循序渐进、持之以恒地坚持下去。

我的体会是精心选择锻炼项目，简单一点儿，不需要特殊场地保障，能长期坚持下去的科目。如跳绳、爬楼梯、跑步、走步、羽毛球、乒乓球、广播体操、太极拳、八段锦、五禽戏、跳皮筋等。

我的体会是劳逸结合，确定锻炼时间和锻炼强度时，应根据“神兽”的身体情况和学习情况，每天集中锻炼时间少则 30 分钟，多则 1 小时。锻炼强度适中，强度不够，起不到锻炼效果；强度太大，体力透支，影响学习。一般情况下是以身体微微出汗为基准，不能出大汗，也不能不出汗，以不影响学习、休息、吃饭为宜。

要会算账，不要担心“神兽”锻炼身体会耽误学习，其实锻炼身体不但不会耽误学习，还会促进学习。因为身体好了，不生病或少生病，精力充沛了，身体发育良好，大脑思维灵活了，记忆力才好，学习效果才明显。

群军师——哲学家张细心

我的经验是多陪伴“神兽”锻炼，以平等的身份与“神兽”一起玩儿，一起坚持到底，一起比赛，一起体验锻炼带来的快乐。

我的做法是积极鼓励“神兽”参加各种体育比赛，使“神兽”在体育比赛当中锤炼自己的意志，全面提高身体素质。

我的秘诀是请“高人”引导，让“神兽”下决心持之以恒地锻炼身体，把锻炼身体当成重大任务去完成，不是可有可无的事。

我的做法是每天都记录、有检查，发现“神兽”没有完成锻炼，及时提醒“神兽”补课，这样才是对身体的健康负责。

我的办法是奖罚分明，认真监督“神兽”的锻炼效果，引导“神兽”自觉落实锻炼科目。如果“神兽”当时的锻炼效果不理想，糊弄了事，及时督促“神兽”锻炼，确保质量。

群参谋——体育教练徐知心

要在陪伴中鼓励、引导“神兽”形成锻炼身体的规律，不能想起来就去锻炼一天，想不起来就不去锻炼；更不能想什么时候锻炼就什么时候去锻炼，要与“神兽”一起寻找适合的锻炼时间。

要注重口号的作用，在家里的明显位置张贴一些关于锻炼、健身、强身的提示语，让“神兽”每天都能看见、都能思考，都能注重健身问题，日积月累，就会养成强健体魄的好习惯了。

如：生命在于运动！

锻炼身体贵在坚持！

加强锻炼，增强体质！

好身体离不开天天锻炼！

群公告

强健的体魄是实现远大理想与梦想的根本，务必持之以恒地科学地锻炼身体，增强体质，千万不能找借口逃避锻炼。

每日“五个一”工程

□ 陪伴“神兽”朗诵一首诗；
□ 陪伴“神兽”画一幅画；
□ 陪伴“神兽”户外运动；
□ 陪伴“神兽”看《新闻联播》；
□ 陪伴“神兽”自然聊天儿。

亲子作业

“神兽”！你有强健的体魄吗？　　是（　）　否（　）

“神兽”！请回忆出你锻炼的一件事：

____

宝妈与“神兽”！你们感悟到了什么呢？

A. ______________________________

B. ______________________________

04
饮食的话题

宝妈16 紧急求救

“神兽”胃穿孔了

宝妈16

暑假一天晚上，我家的“神兽”肚子疼痛难忍，叫了“120”救护车，送到医院，诊断为胃穿孔，经过手术，挽救了生命。医生问“神兽”晚上吃了什么？

“神兽”说：“妈妈带我去吃烧烤，牛、羊肉串，鸡肉串吃了不少，撑得难受，最后喝了几瓶冷饮。”

医生告诉“神兽”晚上不能吃得太饱，特别是不能多吃牛、羊肉，要学会节制。

我家“神兽”晚上吃烧烤，没有节制，导致胃穿孔，差点儿危及生命，教训深刻。究其原因，与我不注重饮食，不阻止“神兽”的暴饮暴食，有很大关系。

各位宝妈们，千万别学我，影响了“神兽”的身体健康。

群主——博士李多心

“神兽”饮食无节制，后果极其严重。究其根由，与宝妈的饮食观念不正确有关系，需要宝妈们认真反思，引以为戒。

副群主——心理专家王爱心

王爱心总结出宝妈眼里“神兽”的问题：

“神兽”不好好吃早饭。

“神兽”爱吃炸鸡腿、酱牛肉、鸡爪子。

“神兽”喜欢吃零食、方便面、爆米花、喝冷饮等，吃主食时已经没有胃口了。

“神兽”挑食、偏食，遇到好吃的，肚子撑得圆圆的；不爱吃的饭菜，一口也不吃。

“神兽”不爱阅读饮食方面的科普书，不知道健康的饮食是什么？

“神兽”吃饭没有时间规律，随心所欲。

“神兽”饿的时候，不管冷热，见到什么吃什么。

“神兽”吃饭没有规矩，说话、大笑、看电视，甚至躺着吃、走着吃、跑着吃、进门就吃。

群军师——哲学家张细心

张细心总结出“神兽”眼里宝妈的问题：

我妈平时不看饮食方面的科普书，饮食马马虎虎的。

我妈不好好吃早饭，起晚了干脆不吃，空着肚子上班。

我妈天天吃很多肉，几乎无肉不餐。

我妈早餐、中餐瞎凑合，晚餐吃得肚子圆圆的。

我妈不爱做饭，食品单一，方便面几乎成了主食。

我妈喜欢一边看电视一边吃饭。

我妈不会做饭，也不教会我做饭，包饺子、擀面条、蒸馒头、包包子、炖鱼，统统不会。

我妈就喜欢吃烧烤、麻辣烫、炸鸡腿。

我妈喜欢叫外卖，家里几乎不做饭。

我妈只是吃素，不吃肉、鱼、蛋。

我妈妈节约，不舍得花钱，更不舍得吃营养丰富的饭菜、水果。

群参谋——体育教练徐知心

徐知心总结出“神兽”心理：

没有人告诉我健康、科学的饮食是什么呀？
想吃什么就吃什么？为什么这么复杂呢？
时间紧张，一边走一边吃，很正常。
零食就是好吃，没有胃口时，吃零食才过瘾。
学校的营养餐味道不好，吃腻了。
叫外卖多爽呀，既省时又好吃，吃完还不用刷碗。
早上就是想多睡一会儿，没有胃口。
我希望妈妈是位美食家。

“妈妈帮”群员——宝妈 16 问：
如何寻找根源呢？请各位宝妈们指教。

群监督——艺术家赵美心

赵美心说宝妈的问题：

宝妈自己都不好好吃饭，给“神兽”带了个“坏”头。

宝妈装糊涂，明明知道饮食是身体健康的根本，溺爱、顺着“神兽”，给“神兽”吃大鱼、大肉、油炸食品、快餐、零食与辛辣食品。

宝妈不爱读书学习，不认真研究饮食，从来不认真仔细地告诉“神兽”为什么要粗细搭配、荤素搭配，要每天吃多少主食、副食、蔬菜、水果、鱼肉、禽蛋、油、盐等，饭菜随意性大，令人担忧。

比如：“神兽”缺钙了，不知道怎么给“神兽”补钙。

“神兽”缺蛋白质了，不及时给“神兽”补充。

“神兽”缺氨基酸了，不及时给“神兽”补氨基酸。

“神兽”缺矿物质了，不知道怎么通过食物补充矿物质。

宝妈装看不见，不舍得批评，发现“神兽”吃饭有问题，不制止、不批评、不讲道理、不惩罚，致使“神兽”的“嘴”越来越刁，越来越偏。

群主——博士李多心

李多心说“神兽”的问题：

“神兽”任性、贪玩，没有养成吃饭的好习惯。

“神兽”“嘴刁”，想吃什么就得吃什么，吃不到就闹。

“神兽”天天看见妈妈吃饭随意性大，自己也就随意了。

“神兽”不爱读健康的课外书，对饮食知识知之甚少，不知道科学饮食是健康的基础，更不知“人是铁，饭是钢”的道理。

“神兽”被妈妈惯坏了，家里没有严格的饮食规律，饮食上肆无忌惮，由着性子来，不知道什么是对的？什么是错的？

“妈妈帮”群员——宝妈 16 问：
请各位宝妈们支招，提供解决问题的办法。

副群主——心理专家王爱心

我的做法是虚心学习，制定食谱，马上落实，主动去请教医生、请教营养师，在“高人”的指点下，根据“神兽”的年龄与体质情况，制定日、周、月食谱，并且严格执行下去。

我的体会是思想上必须重视，对待饮食问题不能稀里糊涂，务必科学合理地给“神兽”准备三餐，认真研究适合“神兽”成长的健康食谱，了解各类食物的营养含量，早餐给“神兽”准备什么？中午饭给“神兽”吃什么？晚上给“神兽”吃什么？心中要有数。

密切亲子关系，通过讲故事的形式，告诉“神兽”人离不开吃，吃是人体生长和发育的重要保证，要科学、认真、严肃地对待吃的问题，不能糊弄，要吃好，吃舒服。

我的绝招是请社区医生进家指导，结合饮食挂图或模型，当面告诉“神兽”饮食必须有节制，才能避免一些疾病发生。如果饮食不节制，多食、偏食，追求辛、麻、辣的舌尖刺激，都是不健康的表现。

群军师——哲学家张细心

我的经验是积极陪伴“神兽”成长，主动与“神兽”做游

戏，带“神兽”外出参观饮食科普展、医院营养科、药膳坊等，眼见为实，甚至鼓励“神兽”亲手体验食材，耐心、细致地告诉“神兽”科学饮食的标准，牢记以下九大内容：

一是每餐七八分饱，不能吃得过饱。

二是粗细搭配、荤素搭配，均衡营养，才能保证营养全面。

三是细嚼慢咽，有利于吸收。

四是快乐进食，脾胃安合。

五是一日三餐有规律，早餐提供的能量应占全天总能量的 30% 左右，进食时间在早上 7 点左右；午餐是正餐，提供的能量占全天总能量的 40% 左右，进食时间在中午 12 点左右；晚餐提供的能量占全天总能量的 30% 左右，时间在下午 6 点左右。

六是限盐限油，一生平安。

七是控制零食，健康无忧。

八是口味清淡，五味均衡，以免伤害身体。

九是每餐应做到多样化，经常改变花色品种，注意干稀搭配，餐餐都要吃好。

群参谋——体育教练徐知心

我的做法是画图，用各种食材、食物的图形说明问题，让“神兽”知道科学饮食，能提供人体需要的营养素，营养素（蛋白质、脂肪、糖、维生素、无机盐、水和纤维素）是人体不能离开的物质，不同的饮食有不同的营养，所以提倡食物多样性，以谷类为主，荤素搭配、粗细搭配，平衡膳食，五味均衡。

我与“神兽”共同阅读《女生安全小百科》，一边看一边朗读，一边写读后感，让“神兽”在书中明白科学饮食的重要性。

要注重口号的作用，在家里的明显位置张贴一些关于饮食与健康的提示语，让“神兽”每天都能看见、都能思考，都能注重饮食问题，日积月累，就会养成科学饮食的好习惯了。

如：吃饱、吃好，身体好！

管住嘴！

群公告

为了保证科学饮食，务必认真对待三餐，要创造良好的就餐环境，在愉快、轻松的氛围中进餐，对消化、吸收都有益处。

每日“五个一”工程

- □ 陪伴“神兽”朗诵一首诗；
- □ 陪伴“神兽”画一幅画；
- □ 陪伴“神兽”户外运动；
- □ 陪伴“神兽”看《新闻联播》；
- □ 陪伴“神兽”自然聊天儿。

亲子作业

“神兽”！你饮食科学吗？　　是（　）　否（　）

“神兽”！请回忆出你科学饮食的一件事：

____

宝妈与“神兽”！你们感悟到了什么呢？

A. ______________________________

B. ______________________________

05
睡眠的话题

群员——宝妈 17 紧急求救

“神兽”摔下楼梯

宝妈 17

我家的“神兽”早上上学，下楼梯时眼前一黑，摔倒了，脚崴得很严重，送到医院治疗，需要静养数日，无法上学了。

医生问神兽为什么下楼梯不小心点儿呢？

“神兽”悄悄地说：“晚上没有睡觉，我喜欢玩游戏。白天害怕妈妈说，只好夜间躺在被窝里玩儿，昨天夜里玩到凌晨 3 点，怎么也睡不着了，就继续玩到天亮。”

医生严肃地说：“熬夜最伤害身体，每天必须保证 8 个小时的睡眠，否则会影响身体健康，甚至有生命危险。”

“神兽”明白了睡眠的重要性，扭头看着我，焦急地说：“妈妈，都怪你，你天天熬夜追剧、发微信朋友圈、玩游戏、网上购物、抢单、抽奖。”

听了“神兽”的话，我十分后悔自己成了“坏”榜样，诚恳地接受了批评，表示以后按时睡觉，再也不熬夜了。

通过“神兽”熬夜，出门下楼梯摔倒的事可以看出，宝妈没有以身作则，没有起到表率作用，导致“神兽”也熬夜玩游戏，伤害了身体。

群里的各位宝妈们千万不要学我，绝对不能给“神兽”做一个熬夜的“坏”榜样。

群主——博士李多心

“神兽”熬夜玩游戏摔倒的事情很严重，这与宝妈没有以身作则，没有起到表率作用有关系。“神兽”虽然说出了家庭隐私，但是验证了一句老话——有什么样的宝妈，就有什么样的“神兽”，需要宝妈们认真反思，不能轻视睡眠的问题。

副群主——心理专家王爱心

王爱心总结出宝妈眼里“神兽”的问题：

“神兽”不爱阅读关于睡眠的科普书籍，也不写关于睡眠的日记、作文，对健康的睡眠很陌生。

“神兽”学习任务重，作业、试卷、课外班挤占了很多睡眠时间，睡眠严重不足。

“神兽”学习时磨磨蹭蹭的，一边玩一边学，夜间 11 点了，还没有完成作业。

“神兽”睡得晚，早上 7 点了，闹铃响了几遍了，眼睛不愿意睁开，迷迷糊糊的样子。

“神兽”睡觉没有样，经常半夜做噩梦，被惊吓而醒，早上起来感到很乏累。

“神兽”晚饭吃得太饱，睡觉翻来覆去，一点儿也不踏实。

“神兽”睡觉内衣穿得太紧。

“神兽”经常趴着睡、捂头睡。

“神兽”睡前喜欢看暴力十足的画报、书刊、电视和电影，喜欢玩游戏。

“神兽”睡觉前不开窗换气，室内空气污浊。

群军师——哲学家张细心

张细心总结出“神兽”眼里宝妈的问题：

我妈不爱阅读健康书籍，健康知识储备少，从来没有给我讲过健康睡眠知识。

我妈晚上不睡，夜间追剧。

我妈经常脚也不洗，上床就睡。

我妈晚餐吃得多，也不外出运动，躺在沙发上玩手机、朋友圈聊天儿。

我妈有时看着电视就睡着了。

我妈睡觉前还喝咖啡、吃零食。

我妈经常用被子蒙着头睡觉。

我妈的卧室里空气不好，也不开窗户。

我妈怕热，开着空调、吹着风扇，就睡着了。

群参谋——体育教练徐知心

徐知心总结出“神兽”的心理：

没有人告诉过我科学睡眠的常识呀？

想什么时候睡就什么时候睡，顺其自然。

学习紧张，没有时间看电视，只能熬夜看。

喜欢看小说、画报，担心大人批评，只好偷着在被窝里打着手电看。

睡前开窗户通风换气，为什么呢？

晚上吃完饭，就犯困、想睡。

睡前洗脚，有时玩疯了，忘记了。

睡前换睡衣，有时嫌麻烦。

“妈妈帮”群员——宝妈 17 问：

如何寻找根源呢？请各位宝妈们指教。

群监督——艺术家赵美心

赵美心说宝妈的问题：

宝妈没有以身作则，不能为人师表。没有与“神兽”一起制定作息时间表，即便有了作息时间表，也不认真执行。

宝妈没有耐心，不爱读书学习，不能认真地给“神兽”讲科学睡眠的知识。

宝妈粗心大意，不关注“神兽”的睡眠问题，夜间不检查“神兽”的睡眠情况，心中无数。

宝妈溺爱严重，在睡眠的问题上，放纵“神兽”的坏习惯。

宝妈发现“神兽”睡眠不好，也不多问几个为什么？

是不是床垫子不舒服？

是不是枕头高低不合适？

是不是被子没盖好？

是不是穿衣服不舒服了？

是不是室内温度不合适？

是不是肚子里有蛔虫？

是不是有其他疾病呢？

宝妈缺乏责任心，不与“神兽”共同找出睡眠问题，总是唠叨，甚至吼叫。

宝妈怀疑“神兽”睡眠不好，可能是某些疾病引起的，也不及时带“神兽”去医院看医生，越耽误越严重。

群主——博士李多心

李多心说“神兽”的问题：

“神兽”欺骗宝妈，装睡着了，其实是在偷偷地看小说、玩游戏。

“神兽”被娇生惯养习惯了，遇到好看的电视节目，闹着熬夜看完。

“神兽”看见妈妈熬夜，不好好睡觉，也染上了不好好睡觉的毛病。

“神兽”不知道睡眠知识，任性成了睡眠的“杀手”。

“神兽”的妈妈没有给“神兽”立规矩，家里没有作息时间表，导致“神兽”脑子里没有“睡眠”二字。

“神兽”不按时睡眠，妈妈也不批评。妈妈认为“神兽”玩累了，自然就睡了。

“妈妈帮”群员——宝妈 17 问：
请宝妈们支招，提供解决问题的办法。

副群主——心理专家王爱心

我的做法是借助国际睡眠日，与“神兽”共同学习关于睡眠的科普知识，看关于睡眠的科普节目，耐心地给“神兽”讲解，让“神兽”知道，人不是铁打的，长期睡眠不足，疾病就会找上来。

睡眠不好，会影响身高。

睡眠不好，会影响大脑发育。

睡眠不好，会影响心情，容易急躁、焦虑。

未成年人是成长和发育的重要阶段，必须保证每天 8 小时以上的睡眠。

我与“神兽”共同阅读《女生安全小百科》，让“神兽”在书中明白科学睡眠的重要性。

我的经验是敢于批评，及时制止“神兽”熬夜。发现“神兽”为了提高学习成绩拼命地熬夜时，及时制止，同时给“神兽”讲道理，为“神兽”设计一个科学的睡眠方案。

我的秘诀是通过讲故事、做游戏、试验论证等方式，让“神兽”明白一些最基本的常识。

睡前要开窗户通风换气。

睡前不能吃得太饱。

睡前内衣不能穿得太紧。

不能趴着睡觉。

不能捂头睡觉。

睡前，不能喝咖啡或茶水。

睡前，不能看刺激图片、书刊、电视和电影，等等。

群军师——哲学家张细心

我的经验是晚上检查“神兽”的睡眠情况，做一个细心的宝妈。夜间，“神兽”睡觉容易蹬被子、翻身俯卧等，及时帮助盖被子，切实保证“神兽”有良好的睡眠，身体健康才能有保证。

我的做法是一边讲故事一边嘱咐“神兽”注重睡眠质量，让心静下来，避免失眠。告诉“神兽”睡觉时，不要在床上乱折腾，不要胡思乱想，调整呼吸，放松大脑，想方设法进入深度睡眠，才能真正起到睡眠的作用。

我的经验是教会“神兽”判断睡眠情况，睡眠中没有噩梦，呼吸自然，无盗汗，清晨无人叫床，自然醒来，而且自我感觉良好，头脑清楚，精力充沛，说明睡眠足够了。

群参谋——体育教练徐知心

我的经验是教会“神兽”掌握睡眠的小窍门儿，让“神兽”

学会，熟练运用。

睡觉前，用温水泡脚 20 分钟，水温要适当，直到鼻尖儿发汗为止。

睡觉前可以听 10 分钟的古典音乐，让心静下来。

选择合适的枕头很重要，既不能过高也不能过低，高度大约“一拳半”；既不能过硬也不能过软，软硬适度最安全；枕头温度不能过高，温度低于头的温度一些；枕头的透气性要好，热交换顺畅，能使人安然入睡。

睡前，双手手掌摩擦生热，而后，右手掌心对准左脚心按摩 60 次，发热为止。之后，左手掌心对准右脚心按摩 60 次，发热为止。

我的做法是注重口号的作用，在家里的明显位置张贴一些关于睡眠的提示语，让“神兽”每天都能看见，都能注重睡眠质量，日积月累，就会养成科学睡眠的好习惯了。

如：睡眠是保证健康的大事！

不会睡眠就不会学习！

最好的养生就是睡眠！

群公告

人生的路很漫长，不需要一朝一夕地“拼命”，睡好觉，养精蓄锐，才能走得长久，才能健康成长。

每日“五个一”工程

- □ 陪伴“神兽”朗诵一首诗；
- □ 陪伴“神兽”画一幅画；
- □ 陪伴“神兽”户外运动；
- □ 陪伴“神兽”看《新闻联播》；
- □ 陪伴“神兽”自然聊天儿。

亲子作业

“神兽”！你会睡眠吗？　　是（　）　否（　）

“神兽”！请回忆出你睡眠的一件事：

____

宝妈与“神兽”！你们感悟到了什么呢？

A. ______________________________

B. ______________________________

06
惜命的话题

宝妈 18 紧急求救

“神兽”说没有面子了

宝妈 18

前不久，我家的“神兽”参加儿童书画比赛，满怀信心地邮寄了1 幅作品，结果没有入围。

“神兽”的几个一起学画多年的小伙伴都获奖了，“神兽”气得跑上阳台，愤怒地喊：“没有面子，不活了，我要跳下去。”

我听见后，吓得一边劝阻，一边给心理学专家打电话，请求帮助。

心理学专家赶来后，采用六步疏导法，制止了“神兽”的行为。而后，把“神兽”带进工作室，进行心理治疗。

原来，“神兽”非常要面子，觉得参展的画没有获奖，太丢人，所以有了极端的想法。

心理学专家耐心细致地给“神兽”讲了生命的意义，为什么要活着。

“神兽”的心理逐渐恢复了正常，情绪也平稳了，悄悄地与心理学专家说：“妈妈天天因为工作上的事情，下班回家，面色难看，唉声叹气，经常当着我的面说活着很烦，想跳楼。”

听了“神兽”的话，心理专家明白了问题的根源，立刻与我交谈，希望我给“神兽”正能量，鼓励“神兽”珍惜生命、热爱生命。

“神兽”的心里话惊醒了我，我十分后悔，自己的负面言语竟然给“神兽”留下了心理阴影。所以，我紧急呼吁“妈妈帮”群里的所有宝妈，以我为戒，在“神兽”面前说话务必当心呀！

群主——博士李多心

“神兽”不想活了的想法十分危险，分析其原因，与宝妈以往说的消极话语有关系，由此可以看出，宝妈的负面情绪大，给“神兽”不好的心理暗示，后果极其严重，需要宝妈认真反思，不可以掉以轻心。

副群主——心理专家王爱心

王爱心总结出宝妈眼里“神兽”的问题：

“神兽”学习没有动力，总说课本枯燥，活着没有意思之类的话。

“神兽”没有接受过挫折教育，抗逆境心理脆弱。

“神兽”吃穿不愁，还觉得活着累。

“神兽”被宠爱惯了，遇到不顺心的事，闹得死去活来。

“神兽”不能受一点儿委屈，经常说内心痛苦、孤独、寂寞，没有意思。

“神兽”任性，提出的要求必须实现，否则会以死要挟。

“神兽”被一些影视节目、报刊影响坏了，动不动就说跳楼、杀了你、上吊之类的话，很吓人。

“神兽”头脑简单，盲目模仿危险动作，甚至命悬一线。

“神兽”外出没有“安全”二字，好像一匹脱缰的野马。

“神兽”总说压力大！

群军师——哲学家张细心

张细心总结出“神兽”眼里宝妈的问题：

我妈不爱阅读，没有学过儿童心理学知识。

我妈经常皱眉头，唉声叹气。

我妈经常喊累，说“生活没有意思，烦死了”。

我妈遇到点儿困难，就说“不想活了”。

我妈外出不遵守交通规则，总是乱闯斑马线。

我妈开车时，遇到阻挡她的人与车，恶狠狠地说：“压死你！你找死吗？”

我妈动不动就说“你去死吧”。

我妈经常说“活着真不容易，睡过去算了”。

群参谋——体育教练徐知心

徐知心总结出“神兽”的心理：

妈妈总唠叨，烦透了，真是不想活了。

妈妈总批评我，还讽刺挖苦我，我觉得没脸见人了。

妈妈总逼着我好好学习，争第一，特别压抑，死了算了。

同学欺负我，我很难受，有时真的不想活了，同归于尽算了。

妈妈讨厌我，我觉得没有温暖、没有安全感、没有归属感，还不如死了算了。

在外面玩儿，能有什么危险呀？

“妈妈帮”群员——宝妈 18 问：
如何寻找根源呢？请各位宝妈指教。

群监督——艺术家赵美心

赵美心说宝妈的问题：

宝妈没有学习过儿童心理学，不知道如何说话，有时因工作、生活、婚姻不顺，当着“神兽”的面，说些轻生的话，这些负面语言，对“神兽”有强烈的心理暗示。

宝妈溺爱“神兽”，不让“神兽”受一点儿委屈。

宝妈没有通过行之有效的方式，为“神兽”讲解生命课，导致“神兽”不知道“生命”二字的真正内涵。

宝妈脾气暴躁，动不动就指责“神兽”、骂“神兽”、打“神兽”，让“神兽”内心很痛苦。

宝妈不懂儿童心理学，不知道“神兽”年龄小，心理发育不健全；不给“神兽”留面子；不尊重“神兽”，严重伤害了“神兽”的自尊心。

宝妈没有对“神兽”进行过挫折教育。

群主——博士李多心

李多心说“神兽”的问题：

“神兽”总觉得自己有人宠爱，随心所欲惯了。

“神兽”在家没有受到过挫折与委屈，上学以后，一旦被人歧视、误解、冷落，或受到不公正的对待、遇到不如意的事、自尊心受到伤害，心理就无法承受了，轻生的念头随之而来。

“神兽”虚荣心强、爱面子，批评不得，一旦受到了批评，就情绪低落、心情郁闷、怒火填胸，甚至会产生轻生的念头。

“神兽”天不怕、地不怕，外出时，忽视了安全，冒冒失失的，不能自觉地遵纪守法，留下了很多隐患。

“神兽”暴力语言与行为多，脑子里充斥着“同归于尽”“换命”“打爆”“统统消灭”“秒杀”“秒灭”之类的信息。

“妈妈帮”群员——宝妈 18 问：
请各位宝妈支招，提供解决问题的办法。

副群主——心理专家王爱心

我的经验是与“神兽”一起读有关生命的科普书籍，耐心地告诉“神兽”生命是宝贵的，失去了不能重来，必须特别珍惜。

我的做法是创造条件，让“神兽”与“高人”交流，让“神兽”明白，人应该有骨气，勇敢面对压力、批评、失败与委屈，把精力集中在学习上，不断提高自身的素质。一味地怨天怨地是没有用的。

我的体会是睁大眼睛观察，平时无论工作多忙，也要多陪伴“神兽”，认真观察“神兽”身上出现的一些异常情况，主动与“神兽”交流，耐心倾听“神兽”的内心想法，温暖“神兽”冰冷的心。

要经常反思，冷静分析，认真查找“神兽”为什么有异常情况，是否有轻生的苗头，想方设法，及早补救。

群军师——哲学家张细心

我的经验是户外活动，在活动中与“神兽”建立良好的关系，保证沟通顺畅，积极引导“神兽”打开心结，说出心中郁闷的缘由。要多倾听、开导，少责备、埋怨，多一点儿耐心，找到科学疏导的办法，帮助“神兽”解决问题，使“神兽”逐渐放松心情，排解烦恼。

我的体会是共同阅读，在阅读中让“神兽”明白，轻生不仅摧残自己生命，还会给亲人带来不可估量的悲痛。其实，在现实生活中，很多轻生者在被人抢救回来后，非常后悔当初鲁莽的冲动行为。

我与“神兽”共同阅读的一本书——《小学生心理建设53例》，一边看一边朗读，一边写读后感，让“神兽”在书中明白心理健康的重要性，明白生命的意义。

我的秘诀是给“神兽”讲家史，让“神兽”有家族荣誉感。告诉“神兽”，人的一生相对历史的长河来讲，非常短暂，要想让生命有意义，就要珍惜现在、珍惜时间，培养广泛的兴趣爱好，用心去感悟大自然、感悟生命的意义、感悟人间真情。

群参谋——体育教练徐知心

我的经验是引导“神兽”为自己订立人生目标，善始善终，持之以恒，不断努力，最终实现目标，这样就会觉得时间不够用了，有数不清的事情需要做，有无数的乐趣相伴，就会感到生命的精彩，没有时间伤春悲秋。

我的体会是注重口号的作用，在家里的明显位置张贴一些关于生命的标语，让“神兽”每天都能看见、都能思考，日积月累，就会养成爱惜生命的好习惯。

如：生命只有一次！

保护生命安全最重要！

生命丰富多彩！

好好活着！

我要对生命负责！

群公告

珍惜生命，热爱生命，聪明的人能够在有限的时间内，干出一番事业；愚蠢的人视生命为儿戏，不负责任地糟践生命，毁灭生命。

每日“五个一”工程

- □ 陪伴“神兽”朗诵一首诗；
- □ 陪伴“神兽”画一幅画；
- □ 陪伴“神兽”户外运动；
- □ 陪伴“神兽”看《新闻联播》；
- □ 陪伴“神兽”自然聊天儿。

亲子作业

“神兽”！你惜命吗？　　是（　）　否（　）

“神兽”！请回忆出你惜命的一件事：

____

宝妈与“神兽”！你们感悟到了什么呢？

A. ______________________________

B. ______________________________

群公告四
用正确的行为引导“神兽”

01
镇定的话题

群员——宝妈 19 紧急求救

“神兽”面对冲过来的三轮车

宝妈 19

前不久，我家的“神兽”去家门口的公园找同学玩游戏。刚刚走出小区大门，迎面开来了一辆送货的三轮车，刹车失灵了，眼看着就要撞上她了。

她抬头看着失灵的三轮车冲她撞来，吓得呆若木鸡，脸色惨白，双腿一软，瘫坐在地上，等着被撞。

千钧一发之际，一位年轻人冲过去，把“神兽”抱走。瞬间，失控的三轮车冲过来，路线恰好是“神兽”刚刚瘫坐的地方，令人后怕。

“神兽”吓哭了，小区保安冲过来，安慰“神兽”，指责骑三轮车的人超速。

一位好心的阿姨问：“小姑娘，刚才你怎么不知道躲闪呢？太危险了！”

“神兽”惊魂未定，哆哆嗦嗦地说：“三轮车来的太突然了，我被吓傻了。一次，我妈带我外出，遇到了同样的事，也吓得不知所措，比我还不镇定呢！”

听了“神兽”的话，围观的人们面面相觑，一时无语。可见，宝妈的“榜样”作用影响有多大呀！

群主——博士李多心

“神兽”差点儿被三轮车撞，险些闹出人命，教训深刻。从“神兽”说的话中可以断定，“神兽”的反应与宝妈的“榜样”作用有关系，需要宝妈们认真反思，不可以掉以轻心。

副群主——心理专家王爱心

王爱心总结出宝妈眼里“神兽”的问题：

“神兽”遇到突发事情，不知所措。

“神兽”面对自然灾害，只会害怕、哭泣、慌乱。

“神兽”心理素质差，遇到事情不冷静。

“神兽”平时很厉害，关键时候却是“六神无主”。

“神兽”不会分析问题，处理事情不理智，有时甚至失去理智，做出疯狂的事情来。

“神兽”没有进行过镇定训练，所以遇事不镇静。

“神兽”身上有宝妈的影子。

群军师——哲学家张细心

张细心总结出“神兽”眼里宝妈的问题：

我妈不爱阅读，平时心理学的书根本不看，心理素质一般般。

我妈遇到一点点刺激，就会大呼小叫。

我妈遭遇突发事件，手足无措，甚至呆若木鸡。

我妈外出遇到毛毛虫，吓得脸都白了，双腿发软，呼吸急促。

我妈开车时，遇到突发情况，大脑空白，手忙脚乱，汽车撞上了路边的大树。

我妈从来没有认真细致地给我讲一讲镇定的重要性。

群参谋——体育教练徐知心

徐知心总结出“神兽”的心理：

没有心理准备，遇到紧急事情，无法保持镇定。

我也想镇定自若，可是到了关键时刻就“乱”了。

妈妈时时刻刻保护我，我不知道什么是镇静。

我年龄小，心理不成熟，长大了就能镇定了。

我妈没有教会我镇定，没有对我进行过镇定训练。

我妈没有告诉我镇定的重要性，我不知道镇定的真正含义。

“妈妈帮”群员——宝妈 19 问：
如何寻找根源呢？请各位宝妈指教。

群监督——艺术家赵美心

赵美心说宝妈的问题：

宝妈没有给“神兽”做好榜样，遇到突发事情，言行失态，让“神兽”受到了不良的心理暗示。

宝妈粗心大意，不对“神兽”进行镇定教育，“神兽”对“镇定”二字很模糊，不知道镇定的内涵。

宝妈不爱阅读心理学方面的书籍，知识储备几乎是零，不了解“神兽”的心理特点，没有对“神兽”进行心理素质训练，导致“神兽”心理素质差。

宝妈物理隔绝“神兽”与外界接触，导致“神兽”缺乏经验，遇事大乱。

群主——博士李多心

李多心说“神兽”的问题：

“神兽”平时不爱学习，不知如何保持镇定。

“神兽”受一些节目的影响，遇到事情大呼小叫。

“神兽”被保护惯了，不愿意独自面对外面的事。

“神兽”思维简单，遇事不考虑后果，只凭感觉干事，把本来能避免的灾害引发了。

“妈妈帮”群员——宝妈 19 问：
请各位宝妈支招，提供解决问题的办法。

副群主——心理专家王爱心

我的体会是自觉学习儿童心理学，耐心、细致地告诉“神兽”镇定的重要性，具备镇定心理，从容面对一切情况，意义重大。

我与“神兽”共同阅读《小学生心理建设 53 例》，一边看，一边写读后感，让“神兽”知道心理健康的重要性，掌握提高心理素质的办法。

我的经验是通过案例，告诉“神兽”面对各种突发情况，要保持镇定，积极想对策、想办法，从容应对，科学处理，必然会化险为夷。

群军师——哲学家张细心

我的经验是一边讲故事一边告诉“神兽”不要怕经历突发事件，这是对一个人综合素质的全面锻炼，经历得多了，自然就镇定下来了，处理事情的能力也就逐渐提高了。

我的做法是借助学校和社会资源，有针对性地进行模拟训练，充当合适的角色，让“神兽”体验突发的“灾害”，了解灾害，磨炼“神兽”的意志，提高“神兽”的心理承受能力。

群参谋——体育教练徐知心

我的经验是以身作则，在“神兽”面前，一旦遇到突发情况，务必要保持镇定，给“神兽”示范教学。

我的做法是注重口号的作用，在家里的明显位置张贴一些关于镇定的标语，让“神兽”每天都能看见，日积月累，就会养成遇事镇定的好习惯了。

如：镇定是一种素质！

镇定才能显示出英雄本色！

镇定才能化险为夷！

群公告

镇定与年龄无关，要根据年龄大小与心理特点，有针对性地进行心理训练。求生训练的必修课，务必及早安排，不能认为是可有可无的事。

每日“五个一”工程

- □ 陪伴“神兽”朗诵一首诗；
- □ 陪伴“神兽”画一幅画；
- □ 陪伴“神兽”户外运动；
- □ 陪伴“神兽”看《新闻联播》；
- □ 陪伴“神兽”自然聊天儿。

亲子作业

“神兽”！你镇定吗？　　是（　）　否（　）

“神兽”！请回忆出你做过的一件镇定的事：

____

宝妈与“神兽”！你们感悟到了什么呢？

A. ______________________________

B. ______________________________

02
忍耐的话题

群员——宝妈 20 紧急求救

“神兽”砸伤了老爷爷

宝妈 20

暑假的一天中午，我家的“神兽”正在睡午觉。窗外蝉叫声不停，他辗转反侧，不能入睡。最后，实在忍耐不住，拿起厨房的一个空瓶子，开了窗户，朝树上的蝉砸去。

瓶子穿过树枝，把大树一侧乘凉的老爷爷砸伤了。老爷爷被紧急送往医院。

当天晚上，老爷爷的亲人找上门来，严肃地批评“神兽”。“神兽”承认了错误，诚恳地向老爷爷的亲人道歉。同时还说出了一句让大家震惊的话——“我妈妈经常说，遇到烦心事，不要忍耐，该出手时就出手。中午睡觉，蝉叫声烦人，所以我出手了，我不是故意砸伤老爷爷的。”

在场的人们听了“神兽”的话，惊愕不已。

我的脸一红，低下头，无颜面对老爷爷的亲人。可见，宝妈的言行，对“神兽”的影响是深刻的。“妈妈帮”群里的宝妈们务必要警醒，不能再犯我的错误了。

群主——博士李多心

“神兽”遇到蝉叫，不会忍耐，失去理智，砸伤了老爷爷，后果严重。分析其原因，与宝妈以往说的话有关系，需要宝妈们认真反思，不可以掉以轻心。

副群主——心理专家王爱心

王爱心总结出宝妈眼里“神兽”的问题：

“神兽”不爱阅读，不懂心理学的知识，对忍耐的知识储备少。

“神兽”不知道为什么要忍耐，也不知道忍耐的重要性。随意模仿影视作品里的不良画面。

“神兽”忍耐力差，写作业时，吃喝玩。

“神兽”不会忍耐，不让看电视，就大闹不停。

“神兽”被惯坏了，遇到不如意的事，就大喊大闹，摔东西、砸东西。

“神兽”自控力差，管不住自己的手脚。

群军师——哲学家张细心

张细心总结出“神兽”眼里宝妈的问题：

我妈平时不读书不看报，脑子里“墨水”少，根本不教育我忍耐。

我妈遇到不顺心的事，经常骂骂咧咧的，甚至乱摔东西。

我妈经常说不买化妆品了，过几天就忍受不住了，偷偷地买香水、化妆品。

我妈说不看手机微信了，一扭头，又看手机微信了。

我妈超市买东西排队时，总是忍不住说收银员太慢了。

我妈说再也不穿高跟鞋、短裙、长筒袜了，可是没有几天，又悄悄地穿上了。

群参谋——体育教练徐知心

徐知心总结出“神兽”的心理：

忍耐就是受窝囊气，我才不愿意呢！

是什么就是什么，为什么要忍耐呀？

忍耐就是要付出，我不想付出。

忍耐就是无能的表现。

忍耐是大人的事，等我长大就会忍耐了。

“妈妈帮”群员——宝妈 20 问：
如何寻找根源呢？请各位宝妈指教。

群监督——艺术家赵美心

赵美心说宝妈的问题：

宝妈遇事不冷静，点火就着，语言暴力成了习惯。

宝妈表率作用不强，起到了“负”的榜样作用，自己没有忍耐力，天长日久，没耐性就根植在“神兽”心中了。

宝妈不对“神兽”进行忍耐教育，导致“神兽”对“忍耐”二字的本质与重要性一无所知。

宝妈自己不喜欢读书，更不善于与“神兽”一起读书，不能通过书中的案例让“神兽”知道如何忍耐。

群主——博士李多心

李多心说“神兽”的问题：

“神兽”没有受过忍耐教育。

“神兽”被大人保护起来，有求必应，被大人惯坏了，没有遇到需要忍耐的事。

“神兽”没有独立处理事情的经验，遇到事情，心急如焚，急不可耐。

“神兽”霸道惯了，唯我独尊，遇到不顺心的事，就发火、吵闹。

“神兽”独惯了，不能吃亏受气，只要不满意，就爆发怒火。

“神兽”受一些书籍、影视作品的影响，模仿负面人物，脾气暴躁，我行我素。

“神兽”遇事不考虑后果，甚至失去理智，难以控制自己的行为，酿成大祸。

“妈妈帮”群员——宝妈 20 问：
请各位宝妈支招，提供解决问题的办法。

副群主——心理专家王爱心

我的做法是用事实说教，利用特殊的事件，让“神兽”看惨痛的事例，使“神兽”保持清醒，知道忍耐是一种素质，是预防祸端、成就大事的“清醒剂”，不是可有可无的。

我的经验是结合沙盘推演、编创情景剧，让“神兽”充当角色，耐心细致地给“神兽”讲“忍耐”二字的真正含义，让“神兽”重视忍耐，知道如何忍耐。

我的体会是与“神兽”一起学习儿童心理学，在书中学到忍耐的道理，知道忍耐并不是软弱，在非原则的问题上，应该讲风格、讲友谊，宁肯自己受点儿委屈，也要维护友谊、维护团结，避免不必要的危害发生。

我与“神兽”共同阅读《小学生心理建设 53 例》，一边看一边写读后感，让“神兽”在书中明白心理健康的重要性，学会克制，控制情绪，保持内心的安静。

我的做法是通过案例，告诉“神兽”遇到原则性的问题不能忍让，该出手时就出手，敢于向对方讲道理，大胆明辨是非，积极、主动、理性地解决问题。

群军师——哲学家张细心

我的经验是经常带“神兽”外出参观学习，让“神兽”多看、多听优秀人物的成长经历，明白成大器者，都是天底下最能忍耐的人，他们耐得住寂寞、耐得住艰苦、耐得住枯燥、耐得住饥渴、耐得住诱惑、耐得住流言蜚语……始终以平静的心态面对各种复杂的情况，正是由于这种超强的忍耐，最终成功了，实现了人生的价值。

我的感悟是以身作则，给“神兽”做好榜样，在“神兽”面前，处理各种事情时，务必要成为忍耐的“高人”，给“神兽”做好示范。

群参谋——体育教练徐知心

我的做法是注重口号的作用，在家里的明显位置与“神兽”一起张贴关于忍耐的标语，让“神兽”每天都能看见、都能思考，日积月累，就会养成遇事忍耐的好习惯了。

如：忍耐是一种能力！

忍耐让自己避免事端！

忍耐方能成就大事！

群公告

忍耐可以让人赢得尊重，让人专心致志地学习，避免各种祸端，是保证平安的秘密。

每日“五个一”工程

- □ 陪伴“神兽”朗诵一首诗；
- □ 陪伴“神兽”画一幅画；
- □ 陪伴“神兽”户外运动；
- □ 陪伴“神兽”看《新闻联播》；
- □ 陪伴“神兽”自然聊天儿。

亲子作业

“神兽”！你能忍耐吗？　　是（　）　否（　）

“神兽”！请回忆出你忍耐的一件事：

____

宝妈与“神兽”！你们感悟到了什么呢？

A. ______________________________

B. ______________________________

03
观察的话题

群员——宝妈 21 紧急求救

“神兽”胡思乱想的结果

宝妈 21

暑假期间，我带“神兽”来到海边游玩。恰好老师在暑假作业中留了一篇关于“大海”的作文。

“神兽”只顾在海边玩沙子、自拍，忘记了观察。回到家之后，着急地问我大海的情况如何描述。

我随口说：“大海里都是鱼、虾、螃蟹、鲨鱼、鲸鱼、海豹、水母、墨斗鱼、龙虾，想怎么写就怎么写，反正错不了。”

“神兽”点头同意，仓促写出了一篇关于“大海”的作文——暑假的一天，我与妈妈来到了海边，看见了一条大鲨鱼、一条大鲸鱼、一头海豹、一头海豚、一只帝王蟹、一只龙虾……

老师在评语中说：“你这是胡思乱想，根本就没有认真观察大海，希望你以后认真观察，不要胡编乱写。”

看了老师的评语，“神兽”羞愧地找到老师，承认了自己在海边只是玩沙子了，没有认真观察。同时，也表达了对我的不满。

我知道了此事后，非常后悔，表示以后要鼓励“神兽”多观察，不能弄虚作假，更不能凭空想象。可见，宝妈的言行对“神兽”的影响是非常大。所以，我呼吁“妈妈帮”群里的宝妈们，吸取我的教训，不能说不负责任的话。

群主——博士李多心

“神兽”不观察生活，写出了虚假的作文，受到老师评判，究其原因，与宝妈说的话有关系，需要宝妈们认真反思，不可以掉以轻心。

副群主——心理专家王爱心

王爱心总结出宝妈眼里“神兽”的问题：

“神兽”粗心大意，不会观察。
“神兽”性子急，不愿意观察。
“神兽”不会观察，不知道观察的重要性。
“神兽”不爱学习、不爱阅读，思维简单，不会对比观察。
“神兽”没有把观察当回事。
“神兽”没有吃过不观察问题的亏，所以没有引起重视。

群军师——哲学家张细心

张细心总结出“神兽”眼里宝妈的问题：

我妈丢三落四的，不会观察。
我妈平时不阅读、不学习，认为观察没有用。
我妈就爱蜗居在家里看电视，不愿意外出观察事物。
我妈没有告诉我观察的意义？如何观察。
我妈没有耐性，走路快，不舍得把时间花在观察上。

群参谋——体育教练徐知心

徐知心总结出“神兽”的心理：

家里这么熟悉，观察什么呢？
上学、下学、回家，有什么观察的呢？
观察不就是看看吗？谁不会呀！
养成观察的习惯有什么用呢？
我年龄小，观察是大人的事。
不观察也没有什么损失呀？为什么要浪费时间观察呢？

“妈妈帮”群员——宝妈 21 问：
如何寻找根源呢？请各位宝妈指教。

群监督——艺术家赵美心

赵美心说宝妈的问题：

宝妈不爱学习，不喜欢观察大自然，忽视了培养“神兽”的观察能力，甚至觉得观察是可有可无的事。

宝妈没有耐心，不能认真仔细地告诉“神兽”怎么观察、观察什么、为什么要观察，导致“神兽”对“观察”二字的理解不深刻。

宝妈外出手机不离手，眼睛盯着屏幕，不观察人物与景物，没有给“神兽”当好观察的榜样。

宝妈不愿意陪伴“神兽”观察，亲子关系紧张。

群主——博士李多心

李多心说“神兽”的问题：

“神兽”贪玩，顾不上观察。

“神兽”把妈妈与老师强调的观察当成“耳旁风”，我行我素，懒得观察。

“神兽”对观察缺乏真正的了解，没有从本质上了解观察的重要性，甚至把观察与看看混为一谈。

“神兽”模仿能力强，看见妈妈不爱观察，自己也就不观察了。

“妈妈帮”群员——宝妈 21 问：
请各位宝妈支招，提供解决问题的办法。

副群主——心理专家王爱心

我的做法是与“神兽”共同阅读，鼓励“神兽”多亲近大自然，在户外观物、观人的过程中，耐心地告诉“神兽”观察是认识世界、认知社会、获得知识的重要途径，通过观察可以看到很多新鲜事

物，拓宽视野，会提高分析能力和判断能力，减少危害发生。同时，也能感悟出生活是最好的教科书，平时只有睁大眼睛，不断观察、不断感悟，才能使自己更加充实，去掉浮躁，更加平和地对待一切。

我与“神兽”共同阅读《女生安全小百科》，一边看一边写读后感，让“神兽”在书中明白观察的重要性，明白生命的意义。

我的经验是通过事实，引导“神兽”与“高人”交流，在成长的过程中，只有学会观察，才能感知丰富多彩的生活，健康成长。

群军师——哲学家张细心

我的做法是认真指导“神兽”观察什么？怎么观察？如何注意细微之处，如何归纳、推理、总结，得出正确的结论。

其一，观察人。生活中能看见各色各样的人，通过观察不同的人，可以感悟到很多在家和学校感悟不到的东西。

比如：看见一家三口在嬉戏，感悟到人生之乐。

看见急匆匆赶路的人，感悟到时间的节奏。

看见相互搀扶的老人，感悟到爱情的真谛。

观察公园里的舞者，感悟到生活多姿多彩。

看见民警，感悟到安全。

其二，观察物。物是构成自然界的本质，没有物，世界也就不丰富多彩了。大自然赏赐给人类很多美好的物，日月星辰、鲜花、草木、动物等，通过观察，可以使人心胸宽广，更加珍惜生命。

比如：观察太阳，感悟到希望和生命。

观察月亮，感悟到圣洁与美好。

观察繁星，感悟到宇宙之广。

观察蜜蜂，感悟到劳动的快乐。

观察喜鹊，感悟到一切总是美好的。

观察松树，感悟到生命常青、精神不老的道理。

观察新通车的立交桥，感悟到交通的畅通。

其三，观察事。人生不仅要经历很多事，而且还会看到很多事，在社会大学里，有学不完的知识与文化。

比如：观察尊老爱幼的情景，感悟到人间真情。

观察搀扶盲人过马路，感悟到爱无处不在。

观察救护车呼啸而过，感悟到生命的脆弱与短暂。

观察孕妇，感悟到母亲的伟大。

观察红绿灯，感悟到一切都要有秩序。

观察婚礼车队，感悟到甜蜜爱情生活的开始。

观察高楼一天一天盖高，感悟到工人的伟大。

观察垃圾分类，知道废物利用，环保的重要性。

群参谋——体育教练徐知心

我的做法是注重口号的作用，在家里的明显位置张贴一些关于观察的标语，让“神兽”每天都能看见，加深对“观察”二字的理解，日积月累，就会养成爱观察的好习惯了。

如：观察才能感悟生活！

天天观察，天天有收获！

做一个会观察的人！

观察使人学会思考！

群公告

善于观察的人，才能发现问题的实质，才能找到解决问题的规律，才能避免一些危险事情的发生。

每日“五个一”工程

- □ 陪伴“神兽”朗诵一首诗；
- □ 陪伴“神兽”画一幅画；
- □ 陪伴“神兽”户外运动；
- □ 陪伴“神兽”看《新闻联播》；
- □ 陪伴“神兽”自然聊天儿。

亲子作业

“神兽”！你会观察吗？　　是（　）　否（　）

“神兽”！请回忆出你观察的一件事：

____

宝妈与“神兽”！你们感悟到了什么呢？

A. ______________________________

B. ______________________________

04
决策的话题

群员——宝妈 22 紧急求救

“神兽”竟然落选了

宝妈 22

新学期开始了，学校的合唱团和舞蹈团同时招人，报名时间只有两天。我家的“神兽”是个多面手，对合唱、舞蹈都喜欢，究竟报哪个团呢？

“神兽”翻来覆去，想了两天，也没有决定下来。第 3 天，她进学校门时，看见通知上写着——合唱团、舞蹈团报名人数已满，谢谢同学们。

“神兽”急忙找老师要求补报，被婉言拒绝了。为此，“神兽”难过了好几天。

她的几个好朋友关切地问：“为什么不早点儿下决心报名呢？”

“神兽”后悔地说：“我遇到事情总是犹豫不决，特别像我妈，我妈遇事，总是想来想去、变来变去，没有个准主意，可能是遗传吧。嗨！真没办法，怎么办呢？机会错过了。”

同学们听了“神兽”的话，深感宝妈的言行与行事风格对“神兽”的成长起到了决定性的负面影响，值得深思。

我知道此事后，深思许久，心中五味杂陈，不知道说什么了。求救群里的各位宝妈出个主意，我该怎么办呢？

群主——博士李多心

“神兽”遇事犹豫不决，错过了报名机会，很可惜。分析其原因，与宝妈以往的言行有关系，由此可以看出，宝妈不良的心理暗示对“神兽”来说很不好，需要宝妈们认真反思，不可以掉以轻心。

副群主——心理专家王爱心

王爱心总结出宝妈眼里“神兽”的问题：

“神兽”贪玩，不爱阅读，知识储备少，没有决策的概念。

“神兽”不相信自己，总是怀疑自己。

“神兽”遇事没有主心骨。

“神兽”处理事情犹豫不决，反复无常。

“神兽”天生优柔寡断。

“神兽”遇事畏手畏脚，没有主意。

群军师——哲学家张细心

张细心总结出“神兽”眼里宝妈的问题：

我妈遇事没有担当，前怕狼后怕虎。

我妈优柔寡断，遇到事情，畏手畏脚。

我妈好似“变色龙”，遇到事情变得特别快，刚刚决定的，一会就变了。

我妈不爱读书，脑子里没有知识，更没有耐心细致地给我讲“决策”二字的实质。

我妈思维简单，遇到事情，想不出好主意。

群参谋——体育教练徐知心

徐知心总结出“神兽”的心理：

平时，我没有什么事情需要决策的呀？

决策是大人的事情，与孩子没有关系。

决策是班干部的事，与我们普通同学没有关系。

顺其自然，有什么好决策的呢？走到哪步说哪步的话。

决策要负责任的，万一出了问题，可要担责任呀！

重大事情才决策，我没有什么重大事情，谈决策为时过早。

“妈妈帮”群员——宝妈 22 问：
如何寻找根源呢？请各位宝妈指教。

群监督——艺术家赵美心

赵美心说宝妈的问题：

宝妈不引导“神兽”学习决策，导致“神兽”不知道什么是决策，不会决策。

宝妈溺爱过度，不主动、不给“神兽”创造决策的机会。

宝妈不爱学习，没有知识储备，自己不会决策，遇事优柔寡断，给“神兽”造成了负面影响。

宝妈保守，几乎不外出参观学习，导致信息少，视野不开阔。

群主——博士李多心

李多心说“神兽”的问题：

“神兽”不爱学习，没有认真研究“决策”二字，所以对决策的概念很模糊。

“神兽”玩心大，不知道决策对于成长的重要性，所以遇事不愿意决策。

“神兽”认为决策是大人的事，长大了就会决策了。

“神兽”受到庇护过多，没有单独决策的机会，一切妈妈说了算，没有形成自己的思维方式，缺乏主见。

“神兽”认为决策需要智谋，不想成为“鬼点子”多的人。

“妈妈帮”群员——宝妈 22 问：
请各位宝妈支招，提供解决问题的办法。

副群主——心理专家王爱心

我的经验是勤学习，多储备知识，形成自己的决策风格。同时，请“高人”与“神兽”交流，使“神兽”明白决策是人们生活中普遍存在的一种重要活动，它涉及各个领域，每个人的行动与行为方式都要受到决策的支配，所以决策的含义就是决策者经过各种考虑和比较之后，对应当做什么和应当怎么去做，做到什么程度，用什么手段去做的决定，是为解决当前或者未来可能发生的问题选择最佳方案的一种过程。

我的做法是通过创作与决策有关系的情景剧，全家一起演出，巧妙地告诉“神兽”现阶段主要任务是学习，为了把学习搞好，随时需要决策。先学什么，后学什么，怎么复习，时间如何分配，如何提高记忆效果，看什么书等，学习中的决策一时一刻也不能少。

我的绝招是通过各种形式（讲故事、沙盘作业、绘图、涂鸦、创作寓言等），让“神兽”明白决策的过程中，勇气与魄力是最重要的因素之一，缺少了勇气和魄力，往往就会缩手缩脚，丧失许多机会。但是单凭勇气与魄力，没有科学依据，不切合自己的实际，也是不成的。决策不是一成不变的，是要根据当时的具体情况，临机而动，但总意图是要保证最大的利益，避免失误。

群军师——哲学家张细心

我的做法是与“神兽”外出跳绳，“神兽”跳高兴了，话匣子就打开了，顺势给“神兽”讲道理，在交流中让“神兽”掌握决策的一般方法，抓住这六个核心内容：

一是发现问题，提出意见。

二是调查研究，掌握详尽的情况。

三是确定最理想的决策目标。

四是找出达到目标的具体办法。

五是分析评估，排列最佳方案。

六是选择最佳方案实施。

我的经验是讲案例，通过分析案例，让“神兽”知道决策一定要建立在确定的事实基础之上，不可盲目决策；决策必须有应变能力，具有一定的弹性，留有回旋余地；以对付多变的客观情况；决策要充分考虑到风险，要估计一个界限，不冒风险的决策是没有的。

群参谋——体育教练徐知心

我与“神兽”共同阅读《女生安全小百科》，一边看一边写读后感，让“神兽”在书中明白心理健康的重要性，明白决策的过程。

我的做法是注重口号的作用，在家里的明显位置张贴一些关于决策的提示语，让“神兽”每天都能看见、都能思考，都能明白决策离不开生活和学习，日积月累，就会养成决策的好习惯了。

如：科学分析，正确决策！

提高效率，学会决策！

避免犯错误，敢于决策！

躲避危险，快速决策！

群公告

牢记在心中：务必要告诉“神兽”—— 决策是一个复杂的过程，需要每个人具备大量的知识，掌握科学分析问题的方法，要通过反复训练、摸索、总结，才能使自己真正成为一个英明的决策者。

每日“五个一”工程

- □ 陪伴“神兽”朗诵一首诗；
- □ 陪伴“神兽”画一幅画；
- □ 陪伴“神兽”户外运动；
- □ 陪伴“神兽”看《新闻联播》；
- □ 陪伴“神兽”自然聊天儿。

亲子作业

“神兽”！你正确决策过吗？　　是（　）　否（　）

“神兽”！请回忆出你正确决策的一件事：

____

宝妈与“神兽”！你们感悟到了什么呢？

A. ______________________________

B. ______________________________

05
计划的话题

群员——宝妈 23 紧急求救

“神兽”被老师批评了

宝妈 23

今年春节，我家“神兽”玩疯了，没有按每天的安排做作业，只差一天就要开学了，急得满头大汗，趴在写字台上补写作业。

第二天返校交作业，老师把“神兽”叫进办公室，严肃地批评了她，说她不是写作业，而是糊弄作业。并让她一五一十地说一说为什么糊弄作业？

“神兽”回忆寒假期间的各项活动，庙会、滑冰、冰雪节、回老家拜年、酒店家庭聚会、郊区放鞭炮、看查干湖冰下捕鱼……唯独没有计划写作业的时间，导致最后一天补作业。

走出老师的办公室，她悄悄地说：“嗨！没有办法。春节安排活动多，妈妈总说来得及、来得及，寒假作业还算事吗？”

老师听了“神兽”的话，认为我有不可推卸的责任，急忙打电话给我，指出了我的错误，希望日后给“神兽”做好榜样。

我感到很羞愧，思考了一夜，认识到宝妈的言行对“神兽”的影响是深远的，不能掉以轻心。

群主——博士李多心

“神兽”寒假没有认真写作业，学习态度有问题，受到了老师的批评，分析其原因，与宝妈说的话有关系，由此可以看出，宝妈不良的心理暗示很危险，后果很严重，需要宝妈们认真反思，管住自己的嘴。

副群主——心理专家王爱心

王爱心总结出宝妈眼里“神兽”的问题：

“神兽”玩心大，不会合理安排时间。

“神兽”做事没有头绪，顾头不顾尾。

“神兽”学习乱作一团，一会儿看数学、一会儿看语文、一会儿看英语，最后什么也看不进去，什么也没有学好。

“神兽”对“计划”二字很陌生，不知道计划的重要性。

“神兽”认为计划是大人的事，自己年龄小，长大了就会计划了。

“神兽”计划星期日早上 6 点起床看英语，8 点背诵古诗词，10 点外出打羽毛球。闹钟响了以后，不想起，接着睡，睡到上午 9 点，磨磨蹭蹭地到了 11 点，什么都没干。

“神兽”想法是年初想把英语成绩提高一个档次，买了课外教材、英语音频资料等，由于没有制订科学的学习计划，随意性大，结果年终英语考试，成绩还是不理想。

群军师——哲学家张细心

张细心总结出“神兽”眼里宝妈的问题：

我妈不爱学习，对计划的重要性一知半解。

妈妈办事不知道计划。

我妈外出经常遇到不顺的事情，总是后悔说没有事先计划。

我妈过日子稀里糊涂，家里要干什么事情，总是说到跟前再说。

我妈经常说计划赶不上变化，计划什么呀？顺其自然最好。

我妈从来没有告诉过我为什么要计划、怎么计划、如何落实计划。

群参谋——体育教练徐知心

徐知心总结出“神兽”的心理：

我是学生，有什么好计划的呢？
计划纯粹是浪费时间，顺其自然。
开始计划的好好的，具体遇到事情就有变化了，所以计划有什么用呢？
学习好才能说明一切，计划得再好，学习不好也没用。
在家有大人，在学校有老师，不需要我计划什么。
我年龄小，长大了就会计划了。

“妈妈帮”群员——宝妈 23 问：
如何寻找根源呢？请各位宝妈指教。

群监督——艺术家赵美心

赵美心说宝妈的问题：

宝妈自己没有计划性，给“神兽”起到了负面榜样。

宝妈不爱学习，没有知识储备，更不重视对“神兽”进行计划教育，导致“神兽”对“计划”二字很陌生。

宝妈发现“神兽”没有计划后，不引导、不教育，放任自流，致使“神兽”不愿意计划。

群主——博士李多心

李多心说“神兽”的问题：

“神兽”玩心大，不爱学习，不理解“计划”二字的内涵。

“神兽”不爱动脑筋，脑子里没有计划的概念，总认为计划离自己很远。

“神兽”认为计划是大人的事，自己没有什么好计划的事情。

“神兽”看见妈妈做事不爱计划，自己也随着妈妈做事情不爱计划，没有养成计划的好习惯。

“神兽”对计划有偏见，认为只要学习好，计划、不计划都无所谓。

“妈妈帮”群员——宝妈 23 问：
请各位宝妈支招，提供解决问题的办法。

副群主——心理专家王爱心

我的经验是讲案例，用活生生的例子告诉“神兽”计划的重要性，让“神兽”明白，计划不只是对学习有益处，对生活、工作、事业及成长都有好处。

我的做法是讲与计划有关的故事，多聊天儿，在交谈中让“神兽”知道一个好的计划可以减少盲目，避免失误，使千头万绪的事情有序进行，协调有序，提高效率，减少无用功。

我的经验是多陪伴“神兽”，耐心地帮助“神兽”制订学习、生活、体育锻炼的计划，使“神兽”养成计划的好习惯。现在的“神兽”每天要学的知识很多，各科老师抓得都很紧，家长也给了“神兽”不小的压力（课外班），如果胡子眉毛一把抓，不给“神兽”减压，最终会出现“打乱仗”，什么也学不好的怪现象，甚至还会出现事倍功半的结局。

我的绝招是带“神兽”进图书馆、进名牌大学游学，真真切切地感受学习的气氛，让“神兽”知道，学生以学习为主，学习计划是保证学习时间、学习目标、学习方式落实的指导书，及早培养“神兽”的计划意识，对养成好的学习习惯非常有益。学习计划包括：

1. 日计划。
2. 周计划。
3. 月计划。
4. 季度计划。
5. 学期计划和年度计划。
6. 单科计划。
7. 多科计划。
8. 考试计划。
9. 复习计划。
10. 提高计划。

群军师——哲学家张细心

我的经验是带“神兽”拜访成功人士，请考上名牌大学的“学哥”与“学姐”与“神兽”交流，通过他们的亲身体会与经验，告诉“神兽”执行计划要坚决，学会分清主次，抓主要问题。

我与“神兽”共同阅读《向解放军叔叔学习》，一边看一边写读后感，让“神兽”在书中了解解放军是如何计划的，明白计划的重要性。

我的做法是讲历届高考状元的案例，让“神兽”明白为了保证学习效果，可以根据学习情况、身体情况，科学制订单科学习计划，争取在短时间内掌握学习方法，提高学习效率。尽可能地请来几位计划性强的高考状元，让他们谈体会，使“神兽”知道计划不是一成不变的，应该根据具体的情况变化，科学地调整，达到以不变应万变的目的。

我的体会是通过绘画、模拟情景剧，让“神兽”明白再好的计划如果不执行、不落实，都没有意义。

计划应该建立在科学、实际的基础之上，越详细越好。

我的做法是负起责任来，在征得“神兽”同意后，监督“神兽”、检查“神兽”计划的执行情况，奖惩严明，让“计划”二字牢记在“神兽”的脑海中。

群参谋——体育教练徐知心

我的体会是宝妈自己办事要有计划性，无论多忙，也要制订家庭生活、学习与发展计划，给“神兽”做出好表率。

我的经验是注重口号的作用，在家里的明显位置张贴一些关于计划的标语，让“神兽”每天都能看见、都能思考，日积月累，就会养成会计划的好习惯了。

如：科学计划很重要！

计划能让自己从容不迫！

计划能让自己轻轻松松！

群公告

计划一旦制订，就要认真执行，不能走样。很多事情的失败，不是计划本身的问题，而是执行者在执行计划时走了样，从而导致结果与实际不一致。

每日“五个一”工程

- ☐ 陪伴“神兽”朗诵一首诗；
- ☐ 陪伴“神兽”画一幅画；
- ☐ 陪伴“神兽”户外运动；
- ☐ 陪伴“神兽”看《新闻联播》；
- ☐ 陪伴“神兽”自然聊天儿。

亲子作业

“神兽”！你会计划吗？　　是（　）　否（　）

“神兽”！请回忆出你计划的一件事：

____

宝妈与“神兽”！你们感悟到了什么呢？

A. ______________________________

B. ______________________________

06
分析的话题

群员——宝妈 24 紧急求救

“神兽”听见厨房的水滴声

宝妈 24

半夜，“神兽”听见厨房有滴水声，没有多想，翻身继续睡觉。

第二天，我们家的厨房发水了。水渗到楼下，邻居家也被淹了，损失了很多物件，赔偿了许多钱。

“神兽”跑出来，看见厨房的水，哭泣着说：“半夜，我听见了厨房有滴水声，没有告诉妈妈。”

我又气又恼，责怪“神兽”为什么不喊呢？

她哭泣着说：“妈妈，你平时不总是嘱咐我少费脑筋吗？多一事不如少一事吗？平时活得简单点儿，别总往坏处想。哪有那么多坏事呀？所以，我就没有说。”

我听了“神兽”的话，羞愧的无语了。我后悔自己说话不负责任，平时没有教会“神兽”如何分析问题、判断问题、处置问题、解决问题。

群主——博士李多心

“神兽”半夜听见厨房有滴水声，没有提醒家长，导致漏水，损失不小。分析“神兽”犯错误的原因，与宝妈以往说的话有关

系，由此得出结论，宝妈的语言不可忽视，需要宝妈们认真反思，不可掉以轻心。

副群主——心理专家王爱心

王爱心总结出宝妈眼里“神兽”的问题：

“神兽”办事总是遇到小麻烦，其实是不爱动脑筋分析问题。

“神兽”遇到麻烦，乱喊乱叫，不能理性分析。

“神兽”不爱阅读，没有知识储备，不会分析问题。

“神兽”贪玩，不知道“分析”二字的真正含义。

“神兽”不爱学习、不爱动脑筋，遇事傻傻的。

群军师——哲学家张细心

张细心总结出“神兽”眼里宝妈的问题：

我妈平时马马虎虎的，粗线条。

我妈不爱动脑筋，平时说的最多的话是——我才懒得分析问题呢？多累呀！

我妈性子急，不理智，更不愿意分析问题。

我妈不爱学习，脑子里没有“分析”二字。

我妈没有耐心，不爱学习，不知道教我如何分析问题。

群参谋——体育教练徐知心

徐知心总结出“神兽”的心理：

简简单单多好呀，为什么要分析呀！

我年龄小，不会分析问题，很正常。

分析问题太累，不想费脑子。

分析问题就是耍心眼儿，我不想耍心眼儿。

我懒得看书学习，脑子里“墨水”少，对“分析”二字很模糊。

我是个学生，不需要分析问题，分析问题是大人的事。

妈妈没有教我分析问题呀！

“妈妈帮”群员——宝妈 24 问：
如何寻找根源呢？请各位宝妈指教。

群监督——艺术家赵美心

赵美心说宝妈的问题：

宝妈自身不爱分析问题、不爱学习，言语之间给“神兽”暗示分析问题没有用，没有给“神兽”做个好榜样。

宝妈对“神兽”教育没有耐心，没有认真引导“神兽”学习分析问题的方法，导致“神兽”不会分析问题、不敢分析问题。

宝妈发现“神兽”不会分析问题时，指责、批评、讽刺、挖苦，严重伤害了“神兽”的自尊心。

宝妈溺爱过度，全方位地庇护“神兽”，不舍得让“神兽”费脑筋。

群主——博士李多心

李多心说“神兽”的问题：

“神兽”对“分析”二字很陌生，甚至对“分析”二字有偏见。

“神兽”玩心大，不爱学习，对“分析”二字很冷淡，甚至故意回避。

“神兽”头脑简单，把问题、矛盾推给家长，自己逐渐变成了不爱动脑筋的人。

“神兽”模仿大人的言行，久而久之，思维模式就随大人了。

“妈妈帮”群员——宝妈 24 问：
请各位宝妈支招，提供解决问题的办法。

副群主——心理专家王爱心

我的经验是与“神兽”共同学习，一起进行调查研究，加大知识储备。同时，积极引导“神兽”多思考，让“神兽”知道只有通过一系列的观察、思考与经验积累，才能掌握分析问题的方法，不下点

儿苦功夫是不行的。

我的办法是案例分析，在分析案例的过程中，让“神兽”知道人的大脑中有很多潜在的功能没有开发出来，如果经常使用大脑思考问题，大脑细胞活跃起来，记忆细胞就会活跃，逻辑推理的能力也就逐渐增强，这样在遇到问题时，思维就会敏捷，分析能力就强，就容易找出最科学的解决途径，增加成功的机会，减少失败的概率，甚至可以避免失败。

我的体会是给“神兽”讲科学家、发明家的故事，用事实说话，让“神兽”明白善于调查研究、积累经验、分析问题，这是基础的基础，绝对不能忽视。

我的绝招是主动给“神兽”创造分析问题的机会，遇到问题、困难时，不要大包大揽地帮助解决，先引导“神兽”独自分析情况，找出问题的原因及解决的途径，逐渐使“神兽”养成遇事分析的好习惯。

群军师——哲学家张细心

我的经验是鼓励“神兽”分析问题的积极性，与“神兽”一起讨论分析，实事求是地指出优、缺点，让“神兽”发现分析问题的不足，及时加以改正。

我的体会是信任“神兽”、理解“神兽”，不要总是抱怨“神兽”笨、慢、磨蹭。其实，谁都想成为聪明智慧的人。聪明智慧的人有一个共同的特点——爱动脑筋，善于分析问题。所以，要大胆地鼓励“神兽”遇到问题开动脑筋分析，要有不分析透彻不罢休的勇气。

我的绝招是耐心教会“神兽”分析问题的方法，不能随心所欲乱分析，需要牢记以下四点：

其一，经验分析法，根据事物的特点、规律、过去、现在，分析未来事物发展的趋势与走向。

其二，定量分析法，通过精确的数学计算，大量的数据统计结果，结合人的因素、外部条件的情况，对事情的未来及发展结果做出准确判断。

其三，综合分析法，把前两种分析方法结合起来，综合运用，可靠性就会很高。

其四，采取计算机模拟评估分析法，利用分析模块，对比各种数据，找出最佳的方案。

群参谋——体育教练徐知心

我与“神兽”共同阅读《智谋取胜》，一边看一边写读后感，让“神兽”在书中学到分析问题的方式与方法。

我的经验是注重口号的作用，在家里的明显位置张贴一些关于分析的提示语，让“神兽”每天都能看见、都能思考，都能悟出分析的重要性，日积月累，“神兽”就会养成科学分析问题的好习惯了。

如：分析才能看透事物的本质！

分析需要知识储备！

分析不能马马虎虎！

分析能减少失误！

群公告

正确地分析能使人立于不败之地，因此学会分析、善于分析、敢于分析，养成分析问题的好习惯，才能以最快的速度接近成功，实现预定的目标。

每日“五个一”工程

- □ 陪伴“神兽”朗诵一首诗；
- □ 陪伴“神兽”画一幅画；
- □ 陪伴“神兽”户外运动；
- □ 陪伴“神兽”看《新闻联播》；
- □ 陪伴“神兽”自然聊天儿。

亲子作业

“神兽”！你会科学分析问题吗？　　是（　）　否（　）

“神兽”！请回忆出你分析问题的一件事：

____

宝妈与“神兽”！你们感悟到了什么呢？

A. ____

B. ____

群公告五
用良好的性格影响“神兽”

01
乐观的话题

群员——宝妈 25 紧急求救

“神兽”的手机丢了

宝妈 25

暑假，我家的“神兽”在家门口的公园里与小伙伴们玩游戏，手机丢失了。急的她大哭大闹，非常伤心，一个礼拜没有出门，不说话，也没有胃口。

我担心“神兽”出事，急忙找来心理专家帮助解决问题。

心理专家利用心理沙盘、游戏、画画与“神兽”交流，告诉“神兽”乐观的态度才是幸福生活的关键。“神兽”的心情好多了，脸上有了笑容，话也多了。

最后，“神兽”竟然与心理专家无话不说，悄悄地说：“告诉你我妈的一点儿小秘密——妈妈体检数据不正常，患有多种疾病，每天唉声叹气，面无表情。每天只要妈妈进家门，家里的空气立刻‘凝固’了，我没有温暖感、安全感、归属感，觉得生活没有任何意义。”

心理专家感到问题不是“神兽”丢手机的事了，主动与我交流沟通，指出我的问题。我认识到由于自己的不乐观，给“神兽”带来了负面的心理效应，决心改正。于是，在心理专家的指导下，我立刻改变了人生态度，主动与“神兽”沟通、交流、游戏、外出旅游。从此，家里有了欢笑。

可见，妈妈的言行与心理状态对“神兽”的影响非常大。

群主——博士李多心

“神兽”丢失手机闷闷不乐，对生活失去了信心，看不到光明，究其原因，与宝妈以往的言行有关系。由此得出结论，宝妈的言行不可忽视，需要宝妈们认真反思，不可掉以轻心。

副群主——心理专家王爱心

王爱心总结出宝妈眼里“神兽”的问题：

“神兽”不爱阅读，知识储备少，对“乐观”二字很陌生。

“神兽”自己住在 20 平方米的房子里，家具、书、电脑应有尽有，还是不快乐。

“神兽”学习成绩排在年级前 30 名，已经很优秀了，可是由于患上了严重的抑郁症，不得不休学调养。

“神兽”在高档的私立学校读书，竟然说是在受罪。

“神兽”所有的要求都会得到满足，可还是闷闷不乐。

“神兽”一遇到不顺心的事，就一脸的愁容。

“神兽”被家里所有人“爱”着，可是经常说没有意思、苦恼、没人管。

群军师——哲学家张细心

张细心总结出“神兽”眼里宝妈的问题：

我妈总是阴沉着脸，平日里没有一丝笑容。

我妈总说自己命苦，没有人理解。

我妈经常一个人唉声叹气。

我妈天天玩手机，不爱阅读，不知道乐观的本质。

我妈经常半夜起来，独自发呆。

我妈没有告诉我如何乐观。

我妈总是呆呆地梳头、照镜子、涂抹口红，没有一点儿表情。

群参谋——体育教练徐知心

徐知心总结出“神兽”的心理：

有什么好乐的，也不让玩儿，天天就是学习。

学习不好，乐观不起来。

被同学歧视，烦透了，没有心思乐。

考试成绩差，被人瞧不起，低人一头。

长得丑，怎么快乐呢？

没有漂亮衣服穿，吸引不了眼球，怎么乐呢？

“妈妈帮”群员——宝妈 25 问：如何寻找根源呢？
请各位宝妈指教。

群监督——艺术家赵美心

赵美心说宝妈的问题：

宝妈不爱学习，不懂儿童心理，溺爱过度，忽视了对“神兽”的心理疏导。

宝妈没有以身作则，没有当好表率，负面的言行多，给“神兽”心中埋下了阴影。

宝妈自己也不清楚为什么要乐观呢？乐观与高兴的区别是什么？所以，无法指导“神兽”乐观。

宝妈发现“神兽”不会乐观，视而不见，不找办法解决，任其发展，埋下了隐患。

宝妈不带“神兽”参加户外活动（爬山、跳绳、游泳、郊游、滑雪、打乒乓球等），把“神兽”禁锢在家里写作业，自己也不出门，两个人都很压抑。

群主——博士李多心

李多心说“神兽”的问题：

“神兽”缺乏生活体验，往往不知天高地厚。

“神兽”不理解妈妈的难处，索取太多。

“神兽”一直生活在优越的环境中，平时遇到的问题比较少，心理承受能力差，没有磨炼意志的经历，也不愿意吃苦，不知道以苦为乐的道理。

“神兽”不爱学习，不知道什么是快乐？为什么要快乐？快乐的方法有哪些？

“妈妈帮”群员——宝妈 25 问：请各位宝妈支招，提供解决问题的办法。

副群主——心理专家王爱心

我的经验是主动学习，宝妈要掌握儿童心理学知识，这样才能掌握沟通技巧，才能走进“神兽”的内心世界，才能让“神兽”明白生活中的乐观态度很重要，千万不能自己与自己过不去，因为你苦、你烦、你累、你郁闷，没有谁会真正帮助你解决问题，最终还要靠你自己解决。

我的绝招是讲故事，在故事中让“神兽”保持清醒，如果陷入苦恼之中不能自拔，受伤害的只有自己。以苦为乐，以苦为荣，无论在什么情况下，都不要灰心丧气，不悲观、不退缩，坚持到底，始终保持良好的精神风貌。

我的体会是分析案例，用事实说话，让“神兽”知道大千世界，难免会碰钉子、受挫折，人的成长过程是一个不断战胜困难与挫折的过程，乐观的人生态度十分重要。平时，要多想愉快的事，多想愉快的人，多回忆美好的过去，心情就会轻松，就会觉得生活是美好的，就会感到身边的人是友善的，自己就会受到快乐的感染。

我的做法是利用人生成长导图，引导“神兽”确立人生目标，自己寻找健康而有意义的快乐。人生没有前进的目标，就会觉得很无聊、很郁闷，甚至会失去生活的意义。所以，要给自己设定一个能实现的目标，就会对自己有信心，就会有前进的动力。

我的体会是阅读，引导“神兽”读书，学点儿辩证法，明白人活着——快乐与不快乐就是一种感觉，一种心态，当一个人以乐观的态度生活时，就不觉得累、不觉得烦、不觉得苦、不觉得孤独，这种积极的人生态度正是“神兽”需要的，也是应该具备的，一定要设法保持下去。

我与“神兽”共同阅读《小学生心理建设 53 例》，一边看一边写读后感，一边绘思维导图，让“神兽”在书中找到乐观的方法。

群军师——哲学家张细心

鼓励“神兽”广泛阅读，多读伟人、名人的成长历史，了解他们的思想以及他们的奋斗历程，反思自我，深刻了解人生的奥秘，感悟生活。

我的做法是引导“神兽”多想想亲人的关怀。亲人关心自己、爱护自己，对自己充满期望，这是无形的动力，是向上的力量，要把这种关怀转化为积极的因素，使自己乐观起来。要把乐观写进家训、家规、家风里，让“神兽”铭记在心。

我的经验是带着“神兽”走出去，与成功人士见面，与考入名牌大学的“师哥”“师姐”见面，在交谈中让“神兽”明白对自己负责、对亲人负责、对社会负责，才能“笑对人生”，这是最好的人生态度。

我的绝招是做游戏，在游戏中给“神兽”以适当的安慰，及时抚慰“神兽”受伤的心灵，让“神兽”重新振作起来。懂得任重而道远的道理，给“神兽”以恢复信心的动力，告诉“神兽”困难是学习与生活的试金石，摔倒后爬起来就是英雄。

群参谋——体育教练徐知心

我的绝招是经常把“神兽”婴儿、幼儿、童年的照片拿出来给“神兽”看，让“神兽”寻找亲情、友情，在照片里、回忆中找出属于自己的快乐，保持乐观的人生态度。

我的经验是体验生活，让“神兽”明白一个道理，遇到问题，要考虑到最坏的结果，积极、乐观地朝最好的方面努力。

我的做法是心细如发，体贴入微，发现“神兽”不乐观时，因势利导，帮助“神兽”克服心理危机。

我的经验是注重口号的作用，在家里的明显位置张贴一些关于乐观的提示语，让“神兽”每天都能看见、都能思考、都能悟出乐观的重要性，日积月累，就会养成乐观的好习惯了。

如：乐观是一种态度！

乐观才能看到希望！

做一个乐观的人！

群公告

人要胸怀壮志，树立远大的理想，必然会精神振奋。生命不息，前进不止。

记住：办法总比困难多。

每日“五个一”工程

- □ 陪伴“神兽”朗诵一首诗；
- □ 陪伴“神兽”画一幅画；
- □ 陪伴“神兽”户外运动；
- □ 陪伴“神兽”看《新闻联播》；
- □ 陪伴“神兽”自然聊天儿。

亲子作业

“神兽”！你乐观吗？是（　　）否（　　）

“神兽”！请回忆出你乐观的一件事：

____

宝妈与“神兽”！你们感悟到了什么呢？

A.______________________________

B.______________________________

02
幽默的话题

群员——宝妈26紧急求救

“神兽”浇灭了“火药桶”

宝妈26

周末的公园里，“神兽”玩滑板拐弯时，不小心与一个男生撞在一起。

男生摔倒了，站起来后怒火冲天，准备动手打架。

“神兽”急中生智，双眼一闭，学盲人的样子挥舞着双手，幽默地说：“我是盲人，对不起，对不起，撞上哪路神仙了呢？神仙息怒、息怒。”

被撞的男生看着“神兽”幽默的样子，“扑哧”一声笑了出来，也幽默地说：“我不是神仙、不是，盲人，您请走好，用不用我搀扶。”

通过幽默的对话，紧张的气氛缓解了，各自散去了，避免了一场“武斗”的发生。

旁边观看的路人连声夸赞“神兽”，好奇地问：“你太幽默了，是不是天生的幽默呀？是不是上过幽默培训班呀？”

“神兽”一边走一边微笑着说：“我不是天生的幽默，也没有上过培训班，我的幽默是从妈妈那里学来的。我妈妈平时非常幽默，总能逗得大家笑口常开，化解各种矛盾。”

路人听完，向“神兽”投去羡慕的目光，纷纷竖起大拇指，给“神兽”点赞。

由此可见，宝妈的幽默对“神兽”的处事风格产生极大的影响。

群主——博士李多心

“火药桶”即将被点燃的关键时刻，“神兽”能用幽默的方式化解一场打架危机，受到路人的称赞，确实聪明。分析其中的原因，与宝妈以往的言行有关系，由此得出结论，宝妈的言行不可忽视，需要宝妈们认真思考。

副群主——心理专家王爱心

王爱心总结出宝妈眼里“神兽”的问题：

“神兽”不幽默，直得不能再直了。

“神兽”不爱阅读，没有知识储备，理解能力差，认识不到“幽默”二字的含义。

“神兽”认为幽默就是哗众取宠，不愿意幽默。

“神兽”不懂得调和气氛，有时还破坏气氛。

“神兽”对语言的理解能力差，很多时候，不会好好说话。

“神兽”与同学经常因说话发生矛盾，原因是不幽默。

“神兽”认为幽默是多余的。

“神兽”只爱看动画片、玩游戏，没有语言积累。

群军师——哲学家张细心

张细心总结“神兽”眼里宝妈的问题：

我妈一点儿都不幽默，总是严肃认真。

我妈没有耐心地教我如何幽默。

我妈从来没有告诉我为什么要幽默。

我妈耿直，说话又狠又快。

我妈从来不服软。

我妈不爱学习，不知道“幽默”二字的含义，也不会幽默。

群参谋——体育教练徐知心

徐知心总结出“神兽”的心理：

幽默就是逗人傻乐。

幽默太滑稽了，真没有意思。

我说话笨，不知道怎么幽默表达。

幽默，其实就是搞笑，很俗气，所以不想幽默。

做人还是严肃、正统一点儿好。

想幽默，可是没有人告诉我如何幽默呀！

“妈妈帮”群员——宝妈 26 问：
如何寻找根源呢？请各位宝妈指教。

群监督——艺术家赵美心

赵美心说宝妈的问题：

宝妈自己很严肃，没有起到表率作用。

宝妈没有营造出一个幽默的家庭氛围。

宝妈不知道轻松幽默，每天心情很紧张，说话办事死板、苛刻，长久下去必然会对“神兽”产生负面影响。

宝妈不爱学习，肚子里没有“墨水”，幽默语言少，没有教育“神兽”幽默的技巧。

群主——博士李多心

李多心说“神兽”的问题：

“神兽”对幽默有偏见，认为是“小丑”表演。

“神兽”不爱学习，没有认识幽默的重要性，也没有积累幽默语言，孤陋寡闻。

“神兽”贪玩、任性，根本不注意培养幽默的情趣。

“神兽”不知道幽默的作用，认为是多余的，所以容易激化矛盾。

“神兽”被溺爱久了，说话办事总是以自我为中心，不在乎别人的感觉。

“妈妈帮”群员——宝妈 26 问：请各位宝妈支招，
提供解决问题的办法。

副群主——心理专家王爱心

我的做法是讲与幽默有关的故事，在故事中告诉“神兽”幽默不仅仅是一种感情、言语的表达方式，更是一个人的个性、兴趣、才智、意志、修养、智慧等各方面的综合体现。

我秘诀是与“神兽”一起看幽默电影《卓别林》，逗得“神兽”捧腹大笑，逐渐接受幽默，喜欢幽默，自己也尝试幽默。

我的经验是讲案例，通过案例让“神兽”知道幽默的人往往思路敏捷、反应迅速，能在各种环境中保持从容不迫，善于对应。

我的做法是带“神兽”接触幽默的人，让“神兽”知道培养幽默的情趣是一件快乐的事，幽默是生活的润滑剂、调味剂，是驱除郁闷的催化剂，是一个人良好修养的具体表现。

我的绝招是与“神兽”一起阅读，通过阅读让“神兽”明白幽默是一门艺术，是一门很深奥的学问，运用好了，能给人意外的惊喜，对个人成长、家庭幸福、事业成功极其重要。

我与“神兽”共同阅读《向解放军叔叔学习》，一边看一边写读后感，让“神兽”在书中学到幽默的方法。

群军师——哲学家张细心

我的经验是创作情景剧，全家人都扮演角色，给“神兽”增加幽默的台词，让“神兽”明白幽默是一种秘密武器，在重要时刻能逢凶化吉、转危为安。

我的做法是绘图、涂鸦、创作寓言故事，形象逼真地告诉“神兽”，幽默会在特定的情况下，发挥出巨大的威力。一个幽默的人，不仅自己乐观、自信，还能让大家快乐。在激烈的环境中，幽默隐含的作用无法用语言表述。

告诉“神兽”，平时就要多读书、多积累、多观察思考，学会运用语言的技巧，逐渐会使自己说话变得风趣起来。

群参谋——体育教练徐知心

我的经验是以身作则，在家庭中创造一个幽默的环境，与“神兽”平等交流，不能总是板着冷面孔，让“神兽”产生畏惧，无形中把幽默吓跑了。

我的做法是利用沙盘演示、模具摆放、编创童话故事，一目了然地告诉“神兽”，掌握幽默技能，积累与循序渐进很重要。刚开始，“神兽”的幽默可能是：表达羞涩、语言生硬、哗众取宠，千万不要讽刺挖苦，要适时地引导，多鼓励，让“神兽”充分发挥出语言的想象力与创造力。

我的秘诀是经常带“神兽”去相声剧场听相声，让“神兽”从中学习语言、学习幽默的技巧。

群监督——艺术家赵美心

要注重口号的作用，在家里明显的地方张贴一些关于幽默的提示语，让“神兽”每天都能看见、都能思考，悟出幽默的重要性，日积月累，就学会幽默了。

如：我是一个幽默的人！

幽默能化险为夷！

群公告

幽默是一种特殊的武器，其神奇的作用无法用常理来解释，关键时刻能起到意想不到的效果。要努力培养自己的幽默意识，使自己成为一个乐观向上、情趣十足的人。

每日“五个一”工程

- □ 陪伴“神兽”朗诵一首诗；
- □ 陪伴“神兽”画一幅画；
- □ 陪伴“神兽”户外运动；
- □ 陪伴“神兽”看《新闻联播》；
- □ 陪伴“神兽”自然聊天儿。

亲子作业

“神兽”！你幽默吗？是（　　）否（　　）

“神兽”！请回忆出你幽默的一件事：

____

宝妈与“神兽”！你们感悟到了什么呢？

A.____

B.____

03
沟通的话题

群员——宝妈 27 紧急求救

“神兽”躲着老师

宝妈 27

我家的“神兽”最近怪怪的，不愿意与老师说话了，觉得老师偏心眼儿。每天见到老师也不主动问好，也不微笑，扭头就走，不知为什么？

老师感觉不对劲儿，找“神兽”到办公室沟通交谈，消除了误会。从此，“神兽”恢复了以往的状态，更加尊重老师了。

原来，“神兽”平时学习好，在班里数一数二的成绩，上课特别爱举手回答问题，可是老师装看不见，不叫“神兽”回答，竟然叫学习差的同学回答。为此，“神兽”认为老师偏心眼儿，不重视她。

老师耐心地解释：“上课回答问题的机会难得，不能总叫学习好的同学，叫一些学习差的同学是希望给学习差的同学自信心，鼓励学习差的同学进步。如果对老师、对同学有意见，及时沟通最重要，不要憋在心中。”

“神兽”点点头，明白了老师的用意，不仅主动向老师道歉，而且还提出今后一定要主动帮助学习差的同学辅导功课，共同进步。

老师微笑着说：“这样就对了，我代表同学谢谢你。”

“神兽”悄悄地对老师说：“我妈经常对我说，靠自己，用实力说话，有什么好沟通的，不在一个频道上。”

由此可见，宝妈的一言一行瞒不过“神兽”的眼睛和耳朵。

群主——博士李多心

“神兽”与老师有了误会，故意躲着老师，经过交流，明白了沟通的重要。由此得出结论，宝妈的言行不可忽视，需要宝妈们认真思考。

副群主——心理专家王爱心

王爱心总结出宝妈眼里“神兽”的问题：

“神兽”不明白沟通也需要技巧。

“神兽”不爱学习，不知道沟通的重要性，总与别人不欢而散。

“神兽”任性自私，没有主动沟通的意识。

“神兽”不知道如何沟通，也不愿意沟通。

“神兽”玩心大，不认真学习沟通知识。

“神兽”与同学沟通交流没有几句话，因为意见不一致，闹僵了。或盛气凌人，把同学吓跑了。

“神兽”带着偏见与同学沟通，双方闹得不欢而散。

“神兽”不爱与妈妈交流，沉默寡言。

“神兽”对妈妈很仇视，骨子里瞧不起妈妈。

群军师——哲学家张细心

张细心总结出“神兽”眼里宝妈的问题：

我妈平时沉默寡言。

我妈没有教给我如何沟通交流。

我妈看见我就烦，总是讽刺和挖苦我。

我妈唠叨起来没完没了。

我妈文化不高，不爱学习，我和她没有什么好沟通的。

我妈不带我去电影院看幽默电影，也不带我去听相声。

群参谋——体育教练徐知心

徐知心总结出“神兽”的心理：

为什么要沟通呢？

妈妈没有教过我如何沟通呀？

不会沟通也没有什么。

沟通不就是说话吗？不难。

沟通就是低头让着别人，我不想低头。

不想把心里话告诉别人，担心人家笑话我。

“妈妈帮”群员——宝妈 27 问：如何寻找根源呢？
请各位宝妈指教。

群监督——艺术家赵美心

赵美心说宝妈的问题：

宝妈忙于工作，不重视、不善于与“神兽”沟通。

宝妈不爱学习，不懂儿童心理学，认为“神兽”年龄小，不爱说话，长大了就好了。

宝妈自己不善于与人沟通，“神兽”也不善与人沟通。

宝妈对“神兽”简单粗暴，导致“神兽”长期压抑，出现性格孤僻，待人冷漠，甚至出现自卑、胆怯的心理等。

宝妈溺爱、迁就、纵容“神兽”，不给“神兽”创造沟通的机会。

群主——博士李多心

李多心说“神兽”的问题：

“神兽”对沟通认识比较简单，没有把沟通放在生存的高度上来看待，没有引起重视，对沟通显得很陌生。

“神兽”任性，唯我独尊，不会与人沟通，与同学发生矛盾时，不会自己沟通解决。

“神兽”受家长的溺爱，性格暴躁，遇到不满意的事就急躁、发火，要表达的意思说不清楚，出现僵化与尴尬的局面。

“神兽”不但没有从妈妈身上学到沟通技巧，反而学了“倔强”“固执”“自私”“刻薄”的处事风格。

“妈妈帮”群员——宝妈 27 问：请各位宝妈支招，提供解决问题的办法。

副群主——心理专家王爱心

我的经验是与“神兽”一起学习，共同进步，开卷有益，分享学习成果，增加知识储备。

我的体会是要以身作则，言传身教，给“神兽”做一个会沟通、善于沟通的好榜样。

我的方法是讲故事，有意识地教育“神兽”，让“神兽”会沟通，明白沟通的重要意义，逐渐养成沟通的好习惯。

我的绝招是做游戏，设计场景与人物故事，让“神兽”学会与不同人沟通的方法、技巧，明白通过有效的沟通，能消除误会、疏解郁闷、解决矛盾、心情舒畅。

我的方式是绘出沟通导图，让“神兽”一目了然，知道通过沟通才能真正了解别人，向别人学习，重新认识自己。

我的体会是带“神兽”见中考、高考的状元，与状元交谈，在交谈中让“神兽”知道同学与同学之间的交流与沟通会伴随着成长，如果想让自己快乐，想让自己的理想实现，想得到同学的帮助、信任、支持与友谊，就要重视提高沟通能力，掌握与老师、同学交流与沟通的本领。

群军师——哲学家张细心

我的做法是讲道理，想方设法，通过真实的例子，指导“神兽”掌握与同学沟通的五个技巧。

技巧之一：平等。同学之间没有贫贱与贵富之分，都是平等的关系，这种纯洁的关系特别难得，要倍加珍惜。与同学交流与沟通时，不应该有任何歧视，只针对事，不针对人。更不要把个人的感情加进去，以免导致不愉快。

技巧之二：尊重。尊重是保证顺利交流与沟通的基础，没有尊重就没有真正意义上的交流与沟通，所以要从心里尊重同学、理解同学，才能得到同学的尊重与理解，才能交流与讨论出实质性的问题来。

技巧之三：谦虚。既然是交流与沟通，就有不同的观点、意见和认知，就有对错，要虚心听取同学的意见，不要总认为自己对，强词夺理最伤同学。

技巧之四：真诚。无论怎么交流与沟通，真诚是最重要的，如果撒谎、不诚实、隐瞒真相、张冠李戴，就没有任何讨论与交流的意义了。

技巧之五：文明。讨论与交流时，会发生激烈的辩论，辩论是好事，辩论才能得出真理，得到锻炼。要学会克制，控制情绪，不能口出脏话，更不能动手。通过真诚的交流与沟通，才能缩短与同学之间的距离，让心与心联系在一起了，让友谊更加纯真。

群参谋——体育教练徐知心

我的经验是阅读，在阅读中让“神兽”学会站在对方的角度考虑问题，加深和增进相互的感情，从而逐步提高与人沟通的能力，好好做人，踏实学习，认真做事。

我与“神兽”共同阅读《女生安全小百科》，一边看一边写读后感，让“神兽”在书中学到沟通的方式与方法。

我的体会是讲寓言故事，让“神兽”在故事中明白沟通伴随着一生的成长，如果想让自己的理想实现，想得到更多的人帮助，就要掌握沟通技能。

我的做法是实践，带“神兽”多接触人、多说话、多观察，引导“神兽”学习沟通知识，让“神兽”知道沟通既有内容上的区别，也有形式上的不同。

其一，就内容来讲。有信息方面的沟通，即互通情况；也有认知方面的沟通，即互相交流思想，交换意见；还有情感方面的沟通，即互相关怀、问候、支持和帮助等。

其二，就形式而言。有上级和下级的沟通；有正式和非正式的沟通；有语言沟通和非语言沟通。

要让“神兽”明白，沟通能使有效的资源最大化，能使人们的思想统一；沟通能化解误会，增进友谊，让人心怀坦荡，使生活更加灿烂多彩。有时候，沟通不一定是语言上的沟通，关键时刻一个动作、一个表情、一个手势、一个暗号，就是最好的沟通。

群监督——艺术家赵美心

告诫“神兽”沟通时，倘若你能够真诚坦白、推心置腹与人交心，那么初识相逢的人就会有一见如故的感觉；过去交往不深的人，就会成为知己；曾经有隔阂、一时敌视的人，也会成为至爱亲朋。倘若离开真诚，只有交友之心，虚情假意，逢人“只说三句话”，不愿“全抛一片心”，那就无法获得心灵的了解，没有了解也就谈不上友情了。这都是通过沟通了解得到的结果。因此，谁掌握了沟通的艺术，谁就能赢得生活的主动权。

口号的作用很重要，在家里的明显位置张贴一些关于沟通的提示语，让“神兽”每天都能看见、都能思考，都能悟出沟通的重要性，日积月累，就会养成沟通的好习惯了。

如：沟通无敌！

有话好好说！

沟通需要真诚！

群公告

沟通改变一个人的命运，能使复杂的问题简单化，能及时消除误会，赢得友谊，最大限度地减少前进的障碍。沟通是人生的必修课，一定要学好，结合自己的特点运用好。具备了沟通的能力，你便无所不成。

每日“五个一”工程

□ 陪伴“神兽”朗诵一首诗；

□ 陪伴“神兽”画一幅画；

□ 陪伴“神兽”户外运动；

□ 陪伴“神兽”看《新闻联播》；

□ 陪伴“神兽”自然聊天儿。

亲子作业

“神兽”！你会沟通吗？　　是（　）　否（　）

“神兽”！请回忆出你沟通的一件事：

____

宝妈与“神兽”！你们感悟到了什么呢？

A.______________________________

B.______________________________

04
沉稳的话题

群员——宝妈 28 紧急求救

“神兽”100 米比赛被罚下了场

宝妈 28

学校运动会上，我家的“神兽”站在 100 米的起跑线上。发令员举起枪，刚喊：“各就各位！预备——”

“神兽”抢先迈腿跑出去，被吹犯规。第二次还是抢跑，同时被罚下场。

同学们围拢过来，一边安慰一边说：“怎么搞的吗？以后别这么急躁，沉稳点儿，听见枪声再跑。去年，你也是 100 米抢跑两次，被罚下场了。同样的错误，犯了两年。”

“神兽”红着脸，无奈地说：“我妈平时紧张、不沉稳，我以后改正。我妈说她上学时，有几次运动会上，也是 100 米比赛抢跑两次被罚下场了。可能是随妈妈吧，遗传病。”

“神兽”的话听着可笑，可是却说明一个道理，宝妈的言行就是无形的老师，对“神兽”的影响很大。

群主——博士李多心

“神兽”100 米比赛抢跑被罚下场，令人惋惜。究其原因，与宝妈的以往表现有关系，由此得出结论，宝妈的言行会对“神兽”起到心理暗示的作用，宝妈们需要认真反思自己的言行。

副群主——心理专家王爱心

王爱心总结出宝妈眼里“神兽”的问题：

“神兽”遇事慌慌张张的，越说越慌。

“神兽”心里搁不住事，感觉怪怪的。

“神兽”好动，手脚闲不住。

“神兽”不爱读书，知识储备少。

“神兽”粗心大意，遇事乱发言、乱作为。

“神兽”是急性子，见到任何事都想说几句。

“神兽”看电视时，遇到特殊的镜头，大喊大叫，甚至摔东西。

群军师——哲学家张细心

张细心总结出“神兽”眼里宝妈的问题：

我妈办事风风火火，像个男人似的。

我妈遇事爱凑热闹，好打抱不平。

我妈是急脾气，点火就着。

我妈没有阅读的习惯，没有学过心理学知识，遇事沉不住气，忐忑不安。

我妈平时没有耐心、细致地给我讲沉稳的话题。

我妈经常说的一句话：“管它呢！先干了再说。”

群参谋——体育教练徐知心

徐知心总结出“神兽”的心理：

遇到不平事，就想说、就想管。

遇到突发事件，心里七上八下的，沉稳不下来呀！

沉稳就是当缩头乌龟，我不想当缩头乌龟。

我不想憋在心里，有话就说，有事就做，才快乐呢！

沉稳是领导的事，我不是领导，干吗要沉稳呢？

电视节目里的人物快人快语，我喜欢这样的人物。

“妈妈帮”群员——宝妈 28 问：如何寻找根源呢？
请各位宝妈指教。

群监督——艺术家赵美心

赵美心说宝妈的问题：

宝妈不能以身作则，遇事不沉稳，给“神兽”做了不好的示范。

宝妈不爱学习，不能与“神兽”共同阅读，不会与“神兽”一起寻找沉稳的方法，致使“神兽”对沉稳一知半解。

宝妈亲子关系紧张，对“神兽”的教育简单粗暴，让“神兽”变得不沉稳。

宝妈没有很好地陪伴，没有耐心地给“神兽”讲关于沉稳的故事，“神兽”不知道沉稳的重要性。

群主——博士李多心

李多心说“神兽”的问题：

“神兽”不爱阅读，知识储备少，对沉稳认识不足，认为是可有可无的事。

“神兽”对沉稳有偏见，不想受约束，不愿意沉稳。

“神兽”家教不严，经常信口开河，胡言乱语。

“神兽”性子急躁，遇事控制不住。

“神兽”看了一些书籍、报刊、影视作品、玩网络游戏，喜欢模仿“坏人物”。

“妈妈帮”群员——宝妈 28 问：请各位宝妈支招，
提供解决问题的办法。

副群主——心理专家王爱心

我的经验是讲与沉稳有关的故事，重点讲了诸葛亮的《空城

计》，让“神兽”明白沉稳的重要性。通过剖析案例，引导“神兽”办事沉稳，只要有时间、条件允许，主动带“神兽”走出家门，观察社会万象，让“神兽”在观察中学会沉稳。

我的做法是与“神兽”一起读书，在书中找到“沉稳”的答案，同时有针对性地训练“神兽”面对不同的情况、不同的人与事，把握讲话的时机、内容、语气。

我与“神兽”共同阅读《女生安全小百科》，一边看一边写读后感，让“神兽”在书中明白沉稳的重要性。

我的绝招是带“神兽”拜访优秀人物，通过交谈，让“神兽”感受到沉稳对人的成长有着重要意义，要想成才，就要大胆地、不断地磨炼意志，逐渐达到遇事不急、不慌、不乱、不烦、不焦，在理智的前提下寻找出最佳的对策。

群军师——哲学家张细心

我的绝招是通过事例，让“神兽”知道沉稳的人的共同特征：观察、思考、慎言、慎行、决策、执行，他们都是办事有主见，处理事情顾全大局，毅力与智慧并存的人。

群监督——艺术家赵美心

我的经验是通过沙盘演示，摆放各种模具人物与景物，给“神兽”展示故事情节，让“神兽”知道沉稳不是说出来的，是靠平时逐渐养成的。一个人无论将来想干什么，都应该从现在开始磨炼自己的性子，逐渐使自己变得沉稳。

群参谋——体育教练徐知心

注重口号的作用，在家里的明显位置张贴一些关于沉稳的提示语，让“神兽”每天都能看见、都能思考，都能悟出沉稳的重要性，日积月累，就会养成遇事沉稳的好习惯。

如：沉稳能化险为夷！

沉稳需要学习！

沉稳是一种能力！

群公告

沉稳能成就人干一番大事，沉稳能使人在紧急关头异常地冷静，从而走出险境，达到胜利的彼岸。

每日“五个一”工程

- □ 陪伴“神兽”朗诵一首诗；
- □ 陪伴“神兽”画一幅画；
- □ 陪伴“神兽”户外运动；
- □ 陪伴“神兽”看《新闻联播》；
- □ 陪伴“神兽”自然聊天儿。

亲子作业

“神兽”！你沉稳吗？是（　　）否（　　）

“神兽”！请回忆出你沉稳的一件事：

____

宝妈与“神兽”！你们感悟到了什么呢？

A.____

B.____

05
竞争的话题

群员——宝妈 29 紧急求救

“神兽”竞选当班长

宝妈 29

新学期，班里组织选任班干部，同学们没有一个人举手。“神兽”勇敢地举手当班长，激情演讲过后，同时希望得到老师和同学的支持、信任。

老师和同学向她投去赞誉的目光，同时举手，表示同意她当班长。

放学后，老师与“神兽”交谈工作，好奇地问：“为什么敢举手竞选班长呢？”

“神兽”睁大眼睛，自信地说：“竞选是一种勇气，这是妈妈经常说的一句话。对我影响很大，我要向妈妈学习，敢于竞选，为同学们服务。”

由此可见，妈妈的言行对“神兽”会产生无形的影响。

群主——博士李多心

新学期，班里自荐班长，“神兽”举手竞选，如愿以偿地当上了班长，值得表扬。根据“神兽”的讲话内容，非常明显，与宝妈以往的言行有关系。由此得出结论，宝妈的言行会对“神兽”起到心理暗示作用，不可忽视。

副群主——心理专家王爱心

王爱心总结宝妈眼里“神兽”的问题：

“神兽”对竞争不感兴趣。

“神兽”认为竞争就是逞能，所以不想逞能。

“神兽”把竞争与显摆联系在一起，不愿意出头。

“神兽”不爱学习，对“竞争”二字有偏见。

“神兽”受影视作品里的颓废人物影响，不想“出头露脸”。

“神兽”性格软弱，没有竞选的勇气。

群军师——哲学家张细心

张细心总结出“神兽”眼里宝妈的问题：

我妈经常说：出头的椽子先烂，枪打出头鸟。

我妈甘愿落后，不想冒头。

我妈总是得过且过，经常说收敛点儿好、低调点儿好。

我妈担心竞选伤人，为了维护友谊，放弃竞选。

我妈逆来顺受，被领导惯了。

我妈没有养成阅读的好习惯，知识面狭窄，思维僵化，认为公开竞选，争得面红耳赤，是丢人现眼的事。

群参谋——体育教练徐知心

徐知心总结出“神兽”的心理：

竞选累不累呀！

竞选就是自讨苦吃，我才不犯傻呢！

竞选是逞能，还是老老实实地过平静日子吧！

竞选容易引起误会。

万一竞选输掉了，多丢人呀！

竞选容易招惹是非，我想清静清静。

“妈妈帮”群员——宝妈 29 问：如何寻找根源呢？
请各位宝妈指教。

群监督——艺术家赵美心

赵美心说宝妈的问题：

宝妈忽视了对“神兽”的竞选教育，致使“神兽”对竞选有偏见。

宝妈不能以身作则，不能正确对待竞选，让“神兽”讨厌竞选、害怕竞选、抵触竞选。

宝妈对“神兽”倍加呵护，导致“神兽”脱离社会，脑子里根本就没有竞选意识。

宝妈思想保守，不让“神兽”去竞选。

群主——博士李多心

李多心说“神兽”的问题：

“神兽”懒散成性，不想竞选。

“神兽”只是对电视动画片感兴趣，对竞选很陌生，

“神兽”不愿意吃苦，不愿意参加竞选。

“神兽”自卑心理严重，担心竞选不成，失去面子。

“神兽”沉浸在游戏世界里，不敢面对现实。

“神兽”甘愿落后，激情不足，没有闯劲儿。

“妈妈帮”群员——宝妈 29 问：请各位宝妈支招，
提供解决问题的办法。

副群主——心理专家王爱心

我的做法是与“神兽”共同阅读，积累竞选知识，正确理解竞选。

我与“神兽”共同阅读《女生安全小百科》，一边看一边写读后感，让

“神兽”在书中找到竞选的理由与办法。

我的绝招是请学校活跃的“学哥”“学姐”与“神兽”对话，阐述竞选的理念，引导“神兽”参与健康的竞选。

我的经验是讲与竞选有关系的故事，用鲜活的人物说明问题，不厌其烦地告诉“神兽”积极健康的竞选能使人树立远大的目标，激发出人体内在的源动力。

群军师——哲学家张细心

多进行社会实践活动，想方设法让“神兽”知道竞争是现代社会的大潮流。

我的做法是通过“沙盘”推演，让“神兽”在沙盘上摆放模具，创作竞选的故事，明白竞选能使人振奋精神，创造出超一流的学习成绩来，获得满足感。

我体会是给“神兽”创造竞选的机会，鼓励“神兽”积极参加各种演讲比赛、体育比赛、科技竞赛、学习竞赛、音乐竞赛、文学创作竞赛、诗歌朗诵比赛等，培养“神兽”的竞选意识，让“神兽”在竞选中品尝到酸、甜、苦、辣，感受到成功带来的喜悦。

群监督——艺术家赵美心

我的做法是密切亲子关系，“神兽”喜欢织毛衣，但是技术不好，我就一边织毛衣一边教她。此时的“神兽”最能听进去话，借此机会，鼓励“神兽”参与积极健康的竞选。

我的经验是与“神兽”玩游戏，通过游戏让“神兽”知道，一个学生参与学校与班集体组织的竞选活动是好事，是值得夸赞与骄傲的事，无论成功与失败，都有意义。

群参谋——体育教练徐知心

我的经验是注重口号的作用，在家里的明显位置张贴一些关于竞选的标语，让“神兽”每天都能看见，都能思考，都能悟出竞选的重要性，日积月累，就会养成积极竞选、敢于竞选的好习惯。

如：竞选能增进友谊！

竞选能使人斗志昂扬！

群公告

有竞争才有激情，才能真正把自己的内在的潜能发挥出来，才能使人不断创新，不断提高自己，不断激励自己。刻苦学习，完善自己，提高自己，直至达到预定的目标。

每日“五个一”工程

- □ 陪伴“神兽”朗诵一首诗；
- □ 陪伴“神兽”画一幅画；
- □ 陪伴“神兽”户外运动；
- □ 陪伴“神兽”看《新闻联播》；
- □ 陪伴“神兽”自然聊天儿。

亲子作业

“神兽”！你竞争过吗？是（　　）否（　　）

“神兽”！请回忆出你竞争的一件事：

____

宝妈与“神兽”！你们感悟到了什么呢？

A.______________________________

B.______________________________

06
坚韧的话题

群员——宝妈 30 紧急求救

“神兽”比赛摔倒了

宝妈 30

我家的“神兽”在学校的运动会上参加 400 米比赛，途中摔倒了，咬牙爬了起来，一瘸一拐地坚持着跑完全程，虽然是最后一名，但是赢得了师生们的热烈掌声。

同学们纷纷围住“神兽”，伸出大拇指，连连点赞。

一位女生好奇地问：“是什么力量让你勇敢地站起来，继续跑完比赛呢？”

“神兽”微笑着说：“是妈妈的力量，妈妈平时经常跟我说遇到任何挫折、任何困难，只要你足够坚韧，就是了不起的‘英雄’，人要有坚韧的精神，才能赢得未来。”

同学们听了“神兽”的话，鼓掌祝贺，都羡慕“神兽”有一个坚韧的好妈妈。

群主——博士李多心

“神兽”运动会参加 400 米比赛，摔倒后仍坚持跑到终点，赢得了同学的尊重。“神兽”坚韧的行为与表现，与宝妈以往的言行有关系。

副群主——心理专家王爱心

王爱心总结出宝妈眼里“神兽”的问题：

“神兽”办事虎头蛇尾，动静大，结尾没有响声。

“神兽”做事三分钟热度，每次信誓旦旦地立志刻苦学习、不玩游戏、不玩手机等等。第二天就不执行了。

“神兽”在困难面前，不是想办法解决，而是回避。

“神兽”喜欢看电视剧里的颓废人物，更喜欢模仿。

“神兽”享乐至上，不思进取。

“神兽”不爱学习，缺乏梦想，不想费力追求美好的未来。

“神兽”模仿妈妈，有妈妈的“影子”。

群军师——哲学家张细心

张细心总结出“神兽”眼里宝妈的问题：

我妈经常说坚韧很重要，鼓励我要坚韧。

我妈干事时，总是喊累，叫苦不迭。

我妈遇事刚开始激情十足，过后就悄然无声了。

我妈遇到挫折，扭头就走，轻易放弃初衷。

我妈不尊重我，没有给我讲过坚韧的本质是什么。

我妈不喜欢阅读，知识储备少，水平不高。

我妈缺少上进心，不愿意吃苦，更不愿意再进一步。

群参谋——体育教练徐知心

徐知心总结出“神兽”的心理：

坚韧是大人的事情，与我无关。

我的学习成绩中等水平，不需要再努力学习了。

遇到困难很烦恼，离困难远一点儿，就不烦恼了。

条条大路通北京，为什么走难走的那条路呢？

坚韧需要吃苦，我不想吃苦。

我也不是英雄，为什么要坚韧呢？

“妈妈帮”群员——宝妈 30 问：如何寻找根源呢？
请各位宝妈指教。

群监督——艺术家赵美心

赵美心说宝妈的问题：

宝妈不爱学习，知识储备少，不懂儿童心理学，不懂儿童教育，没有采取有效办法对“神兽”进行坚韧教育。

宝妈把“神兽”完全保护起来，导致“神兽”与社会脱节，不能吃苦，遇到困难，立刻打退堂鼓。

宝妈不能以身作则，办事缺乏韧劲儿，给“神兽”做了“坏榜样”。

宝妈没有把坚韧写入家规、家训、家风里，导致“神兽”对“坚韧”二字很陌生。

群主——博士李多心

李多心说“神兽”的问题：

“神兽”享受惯了，内心极其脆弱。

“神兽”喜欢被夸赞，接受不了半点儿批评。

“神兽”喜欢由着性子来，稍微不如意，就闹情绪。

“神兽”不能吃苦，遇到挫折，选择绕道走。

“神兽”模仿能力强，身上有妈妈的“坏”影子。

“妈妈帮”群员——宝妈 30 问：请各位宝妈支招，
提供解决问题的办法。

副群主——心理专家王爱心

我的做法是搞好亲子关系，让“神兽”能接受教育。所以，我抓住“神兽”爱打乒乓球的业余爱好，利用业余时间主动带“神兽”打乒乓球，一边打一边耐心地给“神兽”讲坚韧的重要性，逐渐让

“神兽”明白坚韧是成长的关键。

我的经验是讲成功的案例，让“神兽”知道坚韧的人就在身边，也是普通的人，他们因为坚持自己的梦想，不退缩，所以在成长的道路上往往能走得远、飞得高，成就美好的未来。

我的做法是讲寓言故事，或编创与坚韧有关系的寓言、童话故事，让“神兽”知道实现梦想不是轻松的事，需要勇气、需要付出、需要坚持、需要自律、需要智慧。

我的经验是创建和谐家庭、文化家庭，全家齐上阵，共同编创与坚韧有关系的情景剧，让“神兽”担任重要角色，在台词里找到“坚韧”二字，悟出“坚韧”二字的真谛，享受因为坚韧获得成功后带来的喜悦。

群军师——哲学家张细心

我的经验是多阅读，每天挤出一点儿时间与“神兽”共同读一些正能量的书籍，增加知识储备，让“神兽”在思想深处受到触动。

我与“神兽”共同阅读《向解放军叔叔学习》，一边看一边写读后感，让“神兽”在书中找到克服懒惰，形成坚韧品质的好办法。

我的经验是主动走出家门拜访优秀人士与传奇人物，参观科学家、名人事迹展等，让“神兽”从中感悟出坚韧的意志品质对人生的成长的重要性，有决心做一个坚韧的人。

我的做法是讲童话故事，设计趣味性强、曲折、跌宕起伏的童话故事，在故事中让“神兽”找到自己的影子，坚定自信心，激发出战胜困难、不达目的不罢休的勇气。

我的经验是绘画，把与坚韧有关系的故事、想法、人物、梦想、障碍、挫折、阳光、乌云、雷电、陷阱、鲜花等画在一张大白纸上，一目了然地告诉“神兽”学习与成长的路上不平坦，坑坑洼洼、弯弯曲曲是常态，必须勇敢面对，必须坚持，才能成功。

群监督——艺术家赵美心

我的绝招是带“神兽”看望姥姥、姥爷，因为姥姥、姥爷在“神兽”心中最高大。让姥姥、姥爷拿出家族老照片，给“神兽”讲家族的奋斗历史，讲祖先为了活下来，是如何的坚韧与坚强，最终

一代接一代地传承下来，让“神兽”感到肩膀上的责任重大，务必要担起来。

我的做法是与“神兽”竞争、比赛，约定一件或几件事情（早起、阅读、背诵、写随笔等），设定时间、标准、结果，请宝爸或爷爷、奶奶当裁判，公平打分，数日后看结果。看谁坚持得好，完成得好且分数高，逐渐培养“神兽”的韧劲，使“神兽”明白坚韧需要自律，需要保持常态，最终培养出“神兽”坚韧的品质。

群参谋——体育教练徐知心

我的经验是多陪伴、多进行户外运动，坚持周末、月末、假期到郊区爬山、骑行，了解农民的生活，与农民聊天儿，观察庄稼、蔬菜、瓜果的播种、生长、施肥、锄草、收割的情景，让“神兽”明白生活的艰辛、汗水与喜悦。

我的感受是精神激励不可少，拿出宣纸、笔墨，鼓励“神兽”动笔写出“坚韧”二字，张贴在室内明显的地方。

如：十年磨一剑。

黄沙百战穿金甲，不破楼兰终不还。

群公告

坚忍的意志品质对于人的一生极其重要，是成功的重要保证，是实现远大理想的航标。所以，要有意识地磨炼自己的意志。

每日"五个一"工程

- ☐ 陪伴"神兽"朗诵一首诗；
- ☐ 陪伴"神兽"画一幅画；
- ☐ 陪伴"神兽"户外运动；
- ☐ 陪伴"神兽"看《新闻联播》；
- ☐ 陪伴"神兽"自然聊天儿。

亲子作业

"神兽"！你坚韧吗？是（　　）否（　　）

"神兽"！请回忆出你坚韧的一件事：

____

宝妈与"神兽"！你们感悟到了什么呢？

A.______________________________

B.______________________________

群公告六

用强烈的责任心教化“神兽”

01
孝敬的话题

群员——宝妈 31 紧急求救

被“神兽”气高血压了

宝妈 31

前不久，我家的“神兽”夜间偷着在被窝里玩游戏，早上起晚了，急急忙忙地收拾书包时，忘记了带作业、数学书。

老师批评了“神兽”，他内心很恼火。下午放学回到家，对我没有好脸色，嘟嘟囔囔地说我不关心她，不给她收拾书包，黑心肠，比‘容嬷嬷’还狠。

我听了“神兽”的话，十分惊愕，气得高血压病犯了。

第二天上学，老师知道此事后，把“神兽”叫到办公室，严肃批评“神兽”不尊重我的错误言行，责令“神兽”向我道歉。

“神兽”知道自己错了，羞愧地走出办公室，扭头悄悄地说：“老师，我妈妈经常说我奶奶不中用、小气鬼、老糊涂、偏心眼儿。”

老师听完，摇摇头，无言以对。妈妈的言行“神兽”都看在眼里、记在心中，并跟着效仿。其实，我还比较孝顺的，平时就是爱唠叨、说着玩儿的，没有想到“神兽”当真了。

群主——博士李多心

“神兽”不尊重妈妈，被老师评判，经过教育，认识到了错

误，决心改正。分析其主要原因，与宝妈以往的言行有关系。宝妈平时一定要注意自己的言行，不要给“神兽”错误的引导。

副群主——心理专家王爱心

王爱心总结出宝妈眼里“神兽”的问题：

“神兽”对长辈没有耐心，发脾气、使性子。

“神兽”心里没有长辈，对长辈不关心。

“神兽”不会好好与长辈说话，冷言冷语，让长辈心寒。

“神兽”以自己为中心，不顾长辈的心理感受。

“神兽”不但不帮着长辈干活儿，还到处添乱。

“神兽”不会说让长辈温暖、高兴的话。

“神兽”花钱如流水，不以为耻，反以为荣。

“神兽”不爱学习国学经典，不知道“孝敬”二字的真谛。

“神兽”知行不合一，嘴上说孝敬长辈，实际上却气长辈。

“神兽”故意违犯家规、家训，不但不接受批评还强词夺理，振振有词。

群军师——哲学家张细心

张细心总结出“神兽”眼里宝妈的问题：

我妈不愿意给爷爷、奶奶钱与物。

我妈对爷爷、奶奶的态度不好。

我妈很少帮助爷爷、奶奶干活儿。

爷爷、奶奶生病了，我妈借故工作忙，不去看望、陪护。

我妈不爱阅读、不爱学习，对“孝敬”二字一知半解，经常是说一套做一套。

我妈没有给我认真讲过孝敬以及如何孝敬。

群参谋——体育教练徐知心

徐知心总结出“神兽”的心理：

我是未成年人，孝敬与我无关。

我没有工作、没有收入，没钱孝敬。

我是独生子，长辈应该关心、爱护我。

我妈脾气暴躁，骂我打我，我烦她。

我不知道什么是孝敬，也不知道孝敬的标准与内容。

我妈在我们家是“一把手”，不需要被孝敬。

“妈妈帮”群员——宝妈 31 问：如何寻找根源呢？
请各位宝妈指教。

群监督——艺术家赵美心

赵美心说宝妈的问题：

宝妈教育方法单一，简单粗暴，没有把孝敬教育融入家庭教育之中，导致“神兽”不知道孝敬的本质。

宝妈自己不孝敬长辈，让“神兽”看在眼里、记在心中，落下了“把柄”，最终得不到“神兽”的孝敬。

宝妈自私自利，只顾自己的小家，忽视了对长辈的关心与关爱，被“神兽”效仿。

宝妈没有把“孝敬”二字写入家训、家规、家风、家史中，导致“神兽”无法寻根，出现了继承断档的现象。

群主——博士李多心

李多心说“神兽”的问题：

“神兽”只顾自己舒坦，不知长辈的不容易。

“神兽”脑子里全是游戏、动画片、玩具，一点儿孝敬的心都没有。

“神兽”不会换位思考，不理解长辈的难处。

“神兽”在学校一套，在家一套，很会伪装。

“神兽”没有认真牢记家训、家规、家风与家史，不知道“传家宝”是什么？

群员——宝妈31问：请各位宝妈支招，提供解决问题的办法。

副群主——心理专家王爱心

我的做法是编创一些孝敬的故事，通过人物故事说明道理，把“孝敬”二字融入“神兽”的内心。

我的经验是每年借助清明节，带“神兽”回老家祭奠先人。在先人的墓前回忆家族的荣誉史，背诵家规、家训与家风，让“神兽”知道感恩、知道孝敬。

我的体会是当一个孝敬的宝妈，平时发自真心地对长辈好，无微不至地关心老人，带着“神兽”一起给爷爷、奶奶、姥姥、姥爷干活儿、陪聊，感化“神兽”，让“神兽”知道“孝敬”二字是家规、家训、家风的灵魂，必须无条件地继承下去，不能走样，更不能降低标准。

群军师——哲学家张细心

我的做法是严肃批评教育，如果“神兽”对长辈不敬，绝对不能视而不见，而是立刻批评教育，绝不能不痛不痒地说几句了事。

我的经验是创建读书家庭，与“神兽”共同选书、读书，在书中寻找孝敬的本质、孝敬的方法、孝敬的形式，学会反省，检讨不足。

我与“神兽”共同阅读《与人交往——你该怎么办》，我们一边看一边写读后感，让“神兽”在书找到孝敬的意义。

我的体会是必须下狠心，绝不溺爱“神兽”，让“神兽”参与家庭的事务，及早了解日子怎么过、钱怎么花、事怎么办、人怎么做。

群监督——艺术家赵美心

我的做法是多陪伴“神兽”，与“神兽”建立密切的亲子关系，神兽喜欢打羽毛球，我就尽力抽时间打羽毛球，打开心了，顺势讲孝敬问题，并快乐地接受“神兽”对我的孝敬。

我的经验是每个周末都带“神兽”回爷爷、奶奶家，请爷爷、奶奶把“神兽”的满月照、周岁照、幼儿园照、入学照拿出来，一边看一边回忆，其乐融融，把“孝敬”二字融入“神兽”的血液里。

群参谋——体育教练徐知心

要注重口号的作用，调动“神兽”的积极性。拿出毛笔、宣纸、墨汁，鼓励“神兽”写出有关孝敬的词句，摆在家里的明显位置。

如：惟孝顺父母，可以解忧。

谁言寸草心，报得三春晖。

群公告

孝敬父母不是简单的一句话，而是要付出辛苦。

每日“五个一”工程

- □ 陪伴“神兽”朗诵一首诗；
- □ 陪伴“神兽”画一幅画；
- □ 陪伴“神兽”户外运动；
- □ 陪伴“神兽”看《新闻联播》；
- □ 陪伴“神兽”自然聊天儿。

亲子作业

“神兽”！你孝敬吗？是（　　）否（　　）

“神兽”！请回忆出你孝敬的一件事：

____

宝妈与“神兽”！你们感悟到了什么呢？

A.______________________________

B.______________________________

02
博学多才的话题

群员——宝妈 32 紧急求救

“神兽”获得特等奖

宝妈 32

开学了，我家的“神兽”准备参加全校的演讲比赛。“神兽”平时阅读量小，写出的演讲稿缺少很多关键的数据，内心很着急，不知道该怎么办？

我下班了，一进家门，感觉太阳打西边出来了，看见“神兽”毕恭毕敬地朝我微笑，还用甜蜜的语言请教我几个问题。

“神兽”以为我不会，没有想到，我熟练地答出了“神兽”的所有问题，而且还提供了许多鲜为人知的资料。

“神兽”惊讶万分，内心佩服我这位博学多才的妈妈。第二天，“神兽”从容地走上演讲台，大大方方地演讲，赢得了全体师生的热烈而长久的掌声。比赛结束了，“神兽”获得了特等奖，校长亲自颁奖。

语文老师在“神兽”的作文评语中写了一句话：广泛读课外书，开阔眼界，汲取营养。

同学们向她取经，问她为什么藏而不露，怎么这么博学多才呢？

“神兽”脸一红，大声说：“不是我藏而不露，是我妈妈博学多才，每天写阅读笔记。我妈每天无论多晚，都会读书、记笔记。以后，我也要像妈妈一样，挤出时间读书，储备知识。”

群主——博士李多心

“神兽”参加演讲比赛获得特等奖，值得庆贺。分析原因，与宝妈每天坚持读书有关系，由此得出结论，宝妈的博学多才最重要，需要宝妈们认真思考。

副群主——心理专家王爱心

王爱心总结出宝妈眼里“神兽”的问题：

“神兽”不爱学艺，只知道看电视动画片。

“神兽”手机不离手，钻进虚拟的游戏世界里了。

“神兽”玩具一大堆，不吃不喝也要玩儿，只要与学习无关就高兴。

“神兽”形为与年龄不符，除了玩还是玩儿。

“神兽”不愿意动脑筋，坐不住，一说学习的事就头痛。

“神兽”看见其他小伙伴琴棋书画样样精通，只是羡慕，自己却不愿意学。

“神兽”不知道拓展知识面的重要性。考试时、写作文时、回答问题时十分尴尬，就是不肯学新知识、新技能。

“神兽”喜欢模仿影视作品里的“坏人物”，不学一点儿好。

群军师——哲学家张细心

张细心总结出“神兽”眼里宝妈的问题：

我妈性子急，从不耐心地告诉我为什么要博学多才，博学多才有什么好处。

我妈不爱阅读，知识储备少，更没有搜集资料，制作知识卡片的好习惯。

我妈文化水平不高，什么也不知道，稀里糊涂地生活，辅导不了我。

我妈手机不离手，随时盯着微信朋友圈、刷小视频，不学新知识。

我妈一看书、一学习，就说困了、累了，躺下就睡。

我妈不喜欢外出参观学习，不愿意接受新技术、新知识。

我妈不求进取，得过且过。

群参谋——体育教练徐知心

徐知心总结出“神兽”的心理：

年龄小，学那么多干什么呀！

我也不想当科学家，学习课本知识就行了。

我也不想当作家、当名人，没有必要博学多才。

学早了，也没有用武之地。

我听说很多人都是学非所用，还不如不学，还是玩轻松。

学艺多，投入多，太浪费了。

我的基础课还没有学好呢，也没有精力学其他知识了。

我妈妈是博学多才的人，能辅导我学习。

“妈妈帮”群员——宝妈 32 问：如何寻找根源呢？
请各位宝妈指教。

群监督——艺术家赵美心

赵美心说宝妈的问题：

宝妈没有与“神兽”一起规划人生，只要求“神兽”学课本知识，不让“神兽”多学一点儿课外艺术，导致“神兽”知识面窄。

宝妈不希望“神兽”太累，经常说的话是：咱们也不想成龙成凤，学多了也不能当饭吃。

宝妈与“神兽”关系紧张，不会引导“神兽”学习课本以外的知识与技能。

宝妈孤陋寡闻，没有健康的兴趣与爱好，生活平淡乏味，让“神兽”瞧不起、反感。

群主——博士李多心

李多心说“神兽”的问题：

“神兽”不爱学习，不会阅读，不愿意掌握更多的艺术与技能。

“神兽”执迷不悟，被游戏吸引着，不关注课外知识。

“神兽”粗心大意，心思都在玩儿、看动画片上，对博学多才有偏见。

“神兽”不了解家史、家规、家训、家风，学习动力不足。

“妈妈帮”群员——宝妈32问：请各位宝妈支招，提供解决问题的办法。

副群主——心理专家王爱心

我的方法是涂鸦、绘出人生导图，吸引“神兽”的注意力，按图说事，让“神兽”逐渐明白博学多才对人的好处多多，会赢得数不清的机会。

我的经验是编创寓言故事、童话故事，设计“神兽”喜欢的人物，而后把故事讲出来，让“神兽”知道博学多才能使人思维敏捷、智慧闪耀，得到大家的认可。

我的秘诀是请“高人”进家，当面与“神兽”讨论，让“神兽”有如梦方醒之感，再也不浪费时间了，专心学习。德、智、体、美、艺、劳全面发展，成为高素质的人。

我的体会是打铁需要自身硬，首先自己成为博学多才的宝妈，其次引导“神兽”朝着博学多才的方向努力，只要“神兽”的精力、时间、条件、心理状态允许，就大大方方地鼓励、配合、陪伴“神兽”学，让“神兽”知道艺多不压身的道理。

群军师——哲学家张细心

我的绝招是开创读书家庭，打造读书的环境与氛围。书籍是“神兽”获取知识与技能的“老师”，要充分发挥书籍的功能，就要给书安家，布置好书房，选好书架、书桌等，写出书房的规定，而后共同使用、维护与管理。具体方法：

其一，共同去购买书籍。节假日与“神兽”一起去新华书店、图书展销会，集中采购。

其二，共同选书籍。书的种类很多，需要甄别良莠，务必选准正规的、健康的、向上的、真实与可靠的书籍。

其三，分享阅读。书是不摆设，是求知的工具与老师，必须经常读，而且要精读，甚至要写读书笔记，互相讨论，这样才能读懂书，把知识与技能转化为自己的本事。

我与“神兽”共同阅读《价值十亿的教育课》，一边看一边朗读、一边写读后感，让“神兽”在书中找到博学多才的重要性。

群监督——艺术家赵美心

我的办法是带“神兽”走出家门。平时随时关注着各种科技、文化、农业、航空、机器人制造、医药、建筑等展览，预订门票，与“神兽”参加，边看、边听、边学、边记录，逐渐让“神兽”喜欢发明、科技、绘画、航空等新领域。

群参谋——体育教练徐知心

要注重口号的作用，准备好宣纸、笔、墨、砚，鼓励“神兽”拿起毛笔，写出几张关于博学多才的提示语，张贴在家里的明显位置，让“神兽”每天都能看见、都能思考，都能悟出博学多才的重要性，日积月累，就会明白博学多才的真实含义。

如：博学多才需要博览群书！

博学多才受人尊敬！

群公告

成功与进步偏向博学多才的人。一个聪明的人，一个有远大抱负的人，一个敢于向未来挑战的人，肯定对学习新知识，掌握更多的新技术，抱以极大的热情。

每日“五个一”工程

- □ 陪伴“神兽”朗诵一首诗；
- □ 陪伴“神兽”画一幅画；
- □ 陪伴“神兽”户外运动；
- □ 陪伴“神兽”看《新闻联播》；
- □ 陪伴“神兽”自然聊天儿。

亲子作业

“神兽”！你博学多才吗？　　是（　）　否（　）

“神兽”！请回忆出你博学多才的一件事：

____

宝妈与“神兽”！你们感悟到了什么呢？

A.____

B.____

03
钻研的话题

群员——宝妈 33 紧急求救

“神兽”没有入围

宝妈 33

我家“神兽”喜欢古诗词，能背出两百多首。一天，“神兽”代表学校参加一场诗词比赛，具体表现：背诵成绩优秀，解读诗词的历史背景不及格，最终的综合成绩一般，没有入围，心情郁闷。回到学校以后，常常一个人发呆，不爱见人。

老师担心“神兽”出事，急忙找来学校的心理老师开导“神兽”，“神兽”的心情好多了，带着怨气说：“我喜欢古诗词，背诵得滚瓜烂熟，我也想了解古诗词的历史背景，问妈妈怎么办？妈妈说我年纪小，没有必要钻研得这么深，长大了就知道了。”

“神兽”听了我的话，只是背诵，没有钻研古诗词的历史背景问题，最终出现了比赛失利的结果。这几天，不愿意理我了。

群主——博士李多心

“神兽”对阅读古诗词有兴趣，希望钻研下去。妈妈说了泄气的话，干扰了“神兽”学习古诗词的热情，参加比赛时，没有取得好成绩，对妈妈意见很大，值得宝妈们认真反思。

副群主——心理专家王爱心

王爱心总结出宝妈眼里“神兽”的问题：

“神兽”不知道为什么要钻研。

“神兽”愿意花时间钻研玩游戏的技巧。

“神兽”对学习缺乏钻研精神，不会就不会了。

“神兽”对于新知识没有长性，三天的热度，过后就凉了。

“神兽”眼高手低，梦想多，做得少，更不想去钻研。

“神兽”读书多，可是没有一本与钻研有关的书。

“神兽”模仿能力强，喜欢影视作品里的颓废人物。

群军师——哲学家张细心

张细心总结出“神兽”眼里宝妈的问题：

我妈不爱阅读，不愿意接触新知识，只知道化妆、玩手机、发微信朋友圈、拼团买货、秒抢。

我妈平时不善于钻研学问与技术，工作质量一般。

我妈经常说懒得学习，太累了，还是睡觉舒服。

我妈没有耐心，不给我讲钻研的重要性。

我妈总说咱也不当科学家，钻研有啥用呀！

群参谋——体育教练徐知心

徐知心总结出“神兽”的心理：

钻研是工程师的事，与我无关。

我一个学生有什么好钻研的呢？

课本知识我还没有学好呢？谈不上钻研。

钻研占用时间多，我不想太紧张了。

钻研需要有人指导，没有人指导我，钻研什么呀？

我妈妈是个爱钻研的人。

“妈妈帮”群员——宝妈 33 问：如何寻找根源呢？
请各位宝妈指教。

群监督——艺术家赵美心

赵美心说宝妈的问题：

宝妈对钻研有偏见，总是说差不多就行了，所以也不鼓励“神兽”钻研。

宝妈平时松松垮垮、稀里糊涂，不爱钻研学问、技术、艺术、文学等，没有给“神兽”做好榜样。

宝妈亲子关系紧张，不能主动与“神兽”交流钻研问题，让“神兽”敬而远之。

宝妈陪伴“神兽”少，教育方法单一，没有给“神兽”讲关于钻研的故事、科学家的先进事迹等。

群主——博士李多心

李多心说“神兽”的问题：

“神兽”怕苦怕累，不想钻研。
“神兽”借口多多，就是不想钻研。
“神兽”玩心大，大部分时间都玩儿了。
“神兽”不爱阅读，不能在书中悟出钻研的重要性。

“妈妈帮”群员——宝妈 33 问：请各位宝妈支招，
提供解决问题的办法。

副群主——心理专家王爱心

我的经验是通过外出参观、游学、走访（科学成就展、国庆展、名牌大学、科技人物、工程师、建筑师、医生等），让“神兽”自己悟出钻研的重要性。

我的做法是与“神兽”共同走进图书馆阅读，听作家讲座，通过阅读、讲座，激发“神兽”的钻研热情。

我的体会是讲案例，用事实说话，请考入名牌大学的“学哥”“学姐”进家门，面对面与“神兽”交谈，使“神兽”知道取得好成绩以及新科技、新技术的出现，都离不开钻研。

我的做法是讲与钻研有关系的故事（古今中外），通过鲜活的事例，触动“神兽”的心灵，让“神兽”把“钻研”二字印刻在大脑里。

我的秘诀是沙盘推演、编创寓言故事、设计人物与景物，让“神兽”动手摆放模具，突出钻研的主体，最终知道钻研意味着什么。

群军师——哲学家张细心

我的经验是涂鸦、绘图，用对比、反衬的方式把故事中的人物、事件经过画出来，让“神兽”一目了然。清清楚楚地看到钻研的结果——成功、喜悦、成就感与满足感；不钻研的结果——失败、难受和伤心。

我的绝招是多陪伴，多带“神兽”走出家门，进入工厂、大学、科学院、研究院看车床师傅如何工作，看实验室的工程师如何工作，看化验室的专家如何工作等，从中受到启发。

群监督——艺术家赵美心

我的做法是与“神兽”共同钻研，带动“神兽”钻研学问：科技、天文、软件设计、机器人制造、编程、历史、文学、诗词、绘画、毛笔字等，并约法五章：

一是持之以恒，不言放弃。

二是选准方向，开卷有益。

三是不厌其烦，求真求实。

四是不钻牛角尖儿，及时修正。

五是不耽误正课，课业与钻研双丰收。

群参谋——体育教练徐知心

要注重口号的作用，在家里的明显位置张贴一些关于钻研的提示语，让“神兽”每天都能看见、都能思考，都能悟出钻研的

重要性，日积月累，就会明白钻研的真实含义了。

如：钻研是成功的捷径！

钻研需要耐力！

钻研无止境！

群公告

无论学什么都要去掉浮躁，做好克服困难、忍受寂寞与孤独的心理准备。

每日“五个一”工程

- □ 陪伴“神兽”朗诵一首诗；
- □ 陪伴“神兽”画一幅画；
- □ 陪伴“神兽”户外运动；
- □ 陪伴“神兽”看《新闻联播》；
- □ 陪伴“神兽”自然聊天儿。

亲子作业

“神兽”！你爱钻研吗?　　是（　）　否（　）

“神兽”！请回忆出你钻研的一件事:

____

宝妈与“神兽”！你们感悟到了什么呢?

A.______________________________

B.______________________________

04
乐于助人的话题

群员——宝妈 34 紧急求救

“神兽”被人们点赞了

宝妈 34

公交车上，我家“神兽”看见一位老奶奶上了车，立刻起身让座，彬彬有礼地说：“老奶奶，您请坐。我身体健康，站着没有关系。”

老奶奶微笑着坐下，高兴地说：“小同学，你助人为乐的品德好，家风一定好。”

售票员和车上乘客纷纷竖起大拇指，赞扬“神兽”助人为乐的好品德。

“神兽”红着脸，不好意思地说：“确实是家风好，主要与我妈妈有关系。她是一位乐于助人的妈妈，不仅自己做得好，而且天天对我说，出门多做好事，主动帮助需要帮助的人。”

乘客与售票员同时鼓掌说：“难怪你助人为乐，原来有一位好妈妈，给你妈妈也点赞，你妈妈真好。”

群主——博士李多心

“神兽”在公交车上给老奶奶让座，得到表扬，说出原因后，更令大家佩服，值得宝们妈们思考。

副群主——心理专家王爱心

王爱心总结出宝妈眼里“神兽”的问题：

“神兽”没有助人的意识，很冷淡。
“神兽”只管自己，不考虑别人的困难。
“神兽”总能说出 N 个借口，拒绝助人。
“神兽”被娇惯坏了，脑子里根本就没有“助人”二字。
“神兽”模仿影视作品中的“坏人物”，不但不助人甚至还伤害人。

群军师——哲学家张细心

张细心总结出“神兽”眼里宝妈的问题：

我妈总叮嘱我出门别管闲事。
我妈警惕性高，遇事躲得远远的。
我妈自私，只关心自己与家人的事。
我妈借口能力有限，拒绝请求帮助的人。
我妈担心助人钻进圈套里。
我妈经常嘱咐我多做好事，助人为乐。
我妈经常给我讲家史、家训、家规和家风。

群参谋——体育教练徐知心

徐知心总结出“神兽”的心理：

我担心被骗，所以不助人。
助人费时费力，我不干。
我是未成年人，助人与我无关。
我自己的事还搞不明白呢？怎么助人呀！
妈妈天天陪伴我，不让我去助人。
我希望妈妈是个乐于助人的人。

“妈妈帮”群员——宝妈 34 问：如何寻找根源呢？
请各位宝妈指教。

群监督——艺术家赵美心

赵美心说宝妈的问题：

宝妈担心被骗，所以对助人有偏见。

宝妈拒绝助人，没有给“神兽”留下好印象。

宝妈总是嘱咐“神兽”不能随便助人，导致“神兽”害怕助人。

宝妈不给“神兽”讲家史、家训、家规与家风，导致“神兽”不知道继承好家风。

群主——博士李多心

李多心说“神兽”的问题：

“神兽”自私自利，拒绝助人。

“神兽”被溺爱久了，脑子里根本没有“助人”的概念。

“神兽”担心助人时被“碰瓷”，所以害怕助人。

“神兽”不爱阅读，没有知识沉淀，思想境界没有那么高。

“妈妈帮”群员——宝妈 34 问：请各位宝妈支招，
提供解决问题的办法。

副群主——心理专家王爱心

我的经验是讲与助人有关的故事，弘扬主旋律，在故事中告诉“神兽”人字的笔画怎么写、人字说明了什么。用优秀人物的语言与行为，引导“神兽”树立正确的“三观”，使“神兽”逐渐明白助人的本质。

我的做法是带着“神兽”参加公益活动，走进敬老院、福利院、救助站，让“神兽”参与活动，给需要帮助的人讲故事、搞卫生、聊天儿等，净化“神兽”的心灵。

群军师——哲学家张细心

我的做法创建书香家庭，鼓励“神兽”购买健康、积极、有价值的书籍，而后专门挤出时间阅读，在书中明白助人的本质，助人的方式与方法。

我与“神兽”共同阅读《女生安全小百科》，一边看一边朗读、一边写读后感一边绘图，让“神兽”在书中感悟出助人的道理。

我的经验是带“神兽”走出家门，听英雄模范人物的事迹报告会，从中受到感染，逐渐把助人的种子埋在心中。

我的办法是借助学雷锋日，与“神兽”一起读《雷锋日记》，回忆雷锋的助人事迹。之后，引导“神兽”写日记、写读后感，鼓励“神兽”参加学校组织的学雷锋志愿活动组，光明正大地做好人好事。

群监督——艺术家赵美心

我的做法是自己做好人好事，外出遇到需要帮助的人与事，主动伸出援助之手，不求回报。宝妈义务助人的事情做多了，在“神兽”的心中有了好形象，“神兽”身上也有了宝妈的影子。

多陪伴“神兽”，多给“神兽”讲家史、家训、家规与家风，让“神兽”自觉继承家族的好传统。

群参谋——体育教练徐知心

要注重口号的作用，在家里的明显位置张贴一些关于乐于助人的提示语，让“神兽”每天都能看见、都能思考，都能悟出乐于助人的重要意义，日积月累，就会明白乐于助人的真谛了。

如：乐于助人是美德！

乐于助人才能有真正的快乐！

群公告

乐于助人是人生的最高境界，因为助人的人心中总想着他人、想着国家、想着民族。所以，每个人都应有乐于助人的态度，真正实现人生的价值。

每日“五个一”工程

□ 陪伴“神兽”朗诵一首诗；

□ 陪伴“神兽”画一幅画；

□ 陪伴“神兽”户外运动；

□ 陪伴“神兽”看《新闻联播》；

□ 陪伴“神兽”自然聊天儿。

亲子作业

“神兽”！你乐于助人吗？是（　　）否（　　）

“神兽”！请回忆出你助人为乐的一件事：

____

宝妈与“神兽”！你们感悟到了什么呢？

A.______________________________

B.______________________________

05
会着装的话题

群员——宝妈35紧急求救

“神兽”三天两头感冒

宝妈 35

寒假前几天，我家“神兽”感冒发热进了医院。坐在医生面前，“神兽”穿的里三层、外三层，羊毛围脖、皮帽子、棉手套。

医生用听诊器听诊，发现“神兽”一身汗，认为穿得太多了，影响了人体自然的热交换，认真地说：“穿得太多了，身体出汗多，衣服都湿了，热交换不顺畅，容易感冒。冬天保暖是必需的，但是要科学着装，才能避免疾病的发生。千万不能误认为，冬天裹得越严实越好，这是误区。”

“神兽”扭头看着我，小声说：“妈妈，您关心我，我知道。可是您怕我冻着，天天给我穿很厚的衣服，我都成了‘北极熊’，同学们都笑话我。”

我恍然大悟，意识到自己的无知，脸一红，不说话了。夜间，我怎么也睡不着了，思考了许多。

群主——博士李多心

“神兽”穿得多，经常感冒，令人担忧。仔细想想，过犹不及。宝妈们要认真反思。

副群主——心理专家王爱心

王爱心总结出宝妈眼里“神兽”的问题：

“神兽”的着装差着一个季节，一点儿也不合适季节变换，不生病才怪呢！

“神兽”喜欢美，不管天气如何，穿得单薄。

“神兽”不知道冷暖，不会根据天气变化更换衣服。

“神兽”穿的衣服几个星期不换，异味难闻，病菌滋生。

“神兽”模仿影视作品里的新奇人物，穿衣服另类。

“神兽”的口罩脏了，不及时更换。

群军师——哲学家张细心

张细心总结出“神兽”眼里宝妈的问题：

我妈不爱学习关于着装的知识，着装不伦不类，看上去很不舒服。

我妈喜欢美，冬天仍然穿短裙，露着小腿。

我妈不爱穿高跟儿鞋，没有美感。

我妈出门捂得严严的，全身出汗，甚至呼吸都困难。

我妈买衣服图便宜，穿几天就坏了。

我妈喜欢美，冬天也穿裙子。

我妈没有给我讲过着装的知识。

我妈的皮鞋脏了，也不打油擦一擦。

群参谋——体育教练徐知心

徐知心总结出“神兽”的心理：

我也不喜欢美，随意穿衣服挺好。

我还小，衣服不需要天天换。

研究着装是大人的事，与我没有关系。

穿多了笨重、臃肿，妨碍运动。

我喜欢一双鞋穿到底。

我学妈妈着装，妈妈怎么样我就怎么样。

“妈妈帮”群员——宝妈35问：如何寻找根源呢？
请各位宝妈指教。

群监督——艺术家赵美心

赵美心说宝妈的问题：

宝妈没有美学，着装随意性大，不能起到良好的示范作用。

宝妈不爱学习，缺乏服装美感，不能耐心细致地告诉“神兽”着装的原则与注意事项。

宝妈责任心不够，不能根据季节变换及时给“神兽”增减衣服。

宝妈过度保护“神兽”，担心“神兽”冻着，给“神兽”穿得过多、过厚。

群主——博士李多心

李多心说“神兽”的问题：

“神兽”不爱阅读关于着装的课外书籍，缺乏着装意识，对着装没有兴趣。

“神兽”不勤快，从不主动换衣服清洗。

“神兽”认为有校服穿就行了，不想在着装上费脑筋。

“神兽”依赖性强，妈妈说穿什么就穿什么，没有主见。

“神兽”缺乏对健康常识的了解，不会积极预防疾病，所以着装混乱，不能及时根据环境、温度、时间、气候增减衣服。

“妈妈帮”群员——宝妈35问：请各位宝妈支招，
提供解决问题的办法。

副群主——心理专家王爱心

我的做法是绘制出服装导图，一目了然地让“神兽”看清楚，着装的历史发展过程，遮羞、御寒、美观、专业服装。

我的做法是讲与着装有关的童话故事，让“神兽”在故事中知道人需要保暖、需要生存，需要各种材料纺线、织布、做出衣服。

我的绝招是请医生进门，结合事例、地域，运用图表与挂图，给“神兽”讲科学着装的重要性。如春、夏、秋、冬季节变换时，为什么要增减衣服，让“神兽”意识到着装的严肃性。

群军师——哲学家张细心

我的经验是现场教学，带“神兽”走进运动场、会议室、图书馆、饭馆，让“神兽”观察进进出出的人，看别人如何穿衣、戴帽，如何增减衣服，提高生活能力。

我的做法是带“神兽”去会做衣服的姥姥家，请姥姥给“神兽”讲衣服的种类、款式与功能、换衣服的最佳时机等，衣服穿多了有什么坏处，穿少了有什么害处，增强“神兽”对着装的认识。明白着装最重要的功能是御寒，美观是其次。

我与“神兽”共同阅读《女生安全小百科》，一边看一边朗读、一边写读后感一边绘图，让“神兽”在书中明白着装的本意。

群监督——艺术家赵美心

我的绝招是带“神兽”进行社会调查，与裁缝面对面交流，掌握着装的要领。牢记六原则：

一是随着气温的变化而变换着装。

二是根据地域不同而变换着装。

三是根据体质情况而变换着装。

四是根据日程与活动而变换着装。

五是根据健康情况而变换着装。

六是无论季节如何，着装的材料首选纯棉。

群参谋——体育教练徐知心

要注重口号的作用，在家里的明显位置张贴一些关于着装的提示语，让“神兽”每天都能看见、都能思考，都能悟出着装的重要性，日积月累，就会明白科学着装的真谛了。

如：科学着装有学问！

科学着装尊重人！

群公告

科学着装对保证人体健康非常重要，千万不能嫌麻烦，嫌麻烦就等于对生命健康不负责。

每日“五个一”工程

- □ 陪伴“神兽”朗诵一首诗；
- □ 陪伴“神兽”画一幅画；
- □ 陪伴“神兽”户外运动；
- □ 陪伴“神兽”看《新闻联播》；
- □ 陪伴“神兽”自然聊天儿。

亲子作业

“神兽”！你会着装吗?　　是（　）　否（　）

“神兽”！请回忆出你科学着装的一件事：

____

宝妈与“神兽”！你们感悟到了什么呢?

A.______________________________

B.______________________________

06
热爱生活的话题

群员——宝妈 36 紧急求救

“神兽”交了白卷

宝妈 36

暑假的一天，社区组织“小伙伴图书、玩具交易会”。小区活动广场来了很多小朋友，各自拿着不用的玩具、书籍交换、买卖。

我家的“神兽”认为交换、买卖图书、玩具没有意思，不过瘾，没有出门，躺在沙发上一边吃一边玩手机游戏。

开学了，老师要求同学写一篇《有意义的社区活动》，同学们都写出来了，只有“神兽”交了白卷。

老师问：“为什么不参加社区的‘小伙伴图书、玩具交易会’呢？多么难得的生活体验机会呀？”

“神兽”红着脸，小声说：“妈妈不想让我去，说旧书、旧玩具不卫生，咱家不缺钱，需要就买新的。”

老师听完，感到很惊讶，主动给我打电话沟通，指出了我的问题。

我羞愧难当，虚心接受，后悔自己乱说话，阻碍了“神兽”参加社会实践活动，也耽误了“神兽”写作文的素材收集。晚上，我深思许久，清醒了很多，感觉宝妈的言行对于“神兽”来说太重要了。所以，宝妈务必要处处谨慎，认真思考在“神兽”面前说的每一句话、做的每一件事。

群主——博士李多心

“神兽”逃避生活，不去参加社区组织的交换活动，没有完成作文，犯了错误，应该受到批评。但是，仔细想想，“神兽”说的话是不是与宝妈的言行有关系呢？需要宝妈们认真反思。

副群主——心理专家王爱心

王爱心总结出宝妈眼里“神兽”的问题：

“神兽”从来没有帮助妈妈买过菜。
“神兽”没有给妈妈做过一次饭，即便是方便面也没有做过。
“神兽”自己的脏衣服不会洗，脏鞋不会刷。
“神兽”愿意蜗居在家里玩游戏，不愿意出门活动。
“神兽”不愿意参加各种公益活动，喜欢睡懒觉、看动画片。
“神兽”不知道水电、煤气费是多少。
“神兽”不知道晾晒被褥的重要性。
“神兽”不知道垃圾分类。

群军师——哲学家张细心

张细心总结出“神兽”眼里宝妈的问题：

我妈表情严肃，少有笑容。
我妈不会修马桶、水龙头，更不会更换电灯泡。
我妈没有耐心，不主动与我讨论生活的话题。
我妈整日唉声叹气，对生活失去了信心。
我妈不喜欢外出参加活动，只是喜欢坐在沙发上低头玩手机。

群参谋——体育教练徐知心

徐知心总结出“神兽”的心理：

整日我一个人在家，无聊、无聊，真无聊。
外面很乱，我不敢独自外出玩儿。
我年龄小，不懂生活也是正常的事。
我妈是普通的人，没有钱，也没有地位，所以我的生活也好不到哪里去。

我妈对我唠唠叨叨，看我不顺眼，我觉得生活没有意思。

我妈没有时间带我外出游玩，所以我感觉生活枯燥、乏味，没有意思。

我希望妈妈是个热爱生活的人。

“妈妈帮”群员——宝妈 36 问：如何寻找根源呢？
请各位宝妈指教。

群监督——艺术家赵美心

赵美心说宝妈的问题：

宝妈处处限制“神兽”，阻拦“神兽”与大自然接触、与社会接触。

宝妈自卑感强烈，不愿意外出参加活动，对未来生活没有希望，整日郁郁寡欢，给“神兽”的负面影响多。

宝妈不爱学习，亲子关系紧张，不与“神兽”沟通，不指导“神兽”生活，导致家庭气氛沉闷，没有生机。

群主——博士李多心

李多心说“神兽”的问题：

“神兽”性格孤僻，故意独处，主动脱离生活。

“神兽”只知道玩乐，不知道什么是生活，如何生活。

“神兽”模仿影视作品里的“坏人物”，对生活充满厌倦，甚至成为反生活的异类。

“神兽”被妈妈管得严，没有机会独自面对生活。

“妈妈帮”群员——宝妈 36 问：请各位宝妈支招，
提供解决问题的办法。

副群主——心理专家王爱心

我的做法是开卷有益，把考入名牌大学的“学哥”“学姐”

请进家，与“神兽”交谈，启发“神兽”爱生活、会生活，创造生活，享受生活。

我的经验是绘图，把全世界的人种、国家、民族全部画在一张大白纸上，而后给“神兽”讲解，让“神兽”知道地球上的人类多种多样，文化多姿多彩，历史悠久，各具特色，珍贵难得。

我与“神兽”共同阅读《女生安全小百科》，一边看一边朗读、一边写读后感一边绘图，让“神兽”在书中明白为什么要热爱生活。

群军师——哲学家张细心

我的绝招是带“神兽”回老家看太姥爷、太姥姥，让太姥姥、太姥爷给“神兽”讲家史、家规、家训、家风，看看老房子、村里的老井、老学校、碾子、打谷场等，感受亲情，感受农村生活的淳朴与自然的美。

我的体会是与“神兽”一起体验生活，走进工厂、大学、医院、超市、科技馆、体育场、电影院、加工厂、养殖场、农业园、污水站、垃圾站、敬老院等，让“神兽”自己感悟生活的本质，逐渐明白生活、热爱生活。

群监督——艺术家赵美心

我的绝招是鼓励“神兽”参加公益活动，如给盲人讲电影、讲笑话；给老年人讲新闻、讲科技知识；协助环保志愿者捡拾白色垃圾、回收废旧电池等；协助社区人员宣传垃圾分类等，在社会活动中让思想得到升华。

我的办法是创作与生活有关的情景剧，人人充当角色，鼓励“神兽”演主角，多让“神兽”说台词，让“神兽”真正悟出生活的真谛。

我的经验是以身作则，当好热爱生活的好榜样，与“神兽”密切关系，用健康的言行影响“神兽”，逐渐改变“神兽”对生活的态度。

群参谋——体育教练徐知心

要注重口号的作用，在家里的明显位置张贴一些关于热爱生活的提示语，让“神兽”每天都能看见、都能思考，都能悟出生活的本质，日积月累，就会明白生活的意义了。

如：生活有学问！

热爱生活！

群公告

只要学会用心生活，生活才能对你笑，才能让你真正懂得生活，明白事理，感悟快乐。

每日“五个一”工程

- □ 陪伴“神兽”朗诵一首诗；
- □ 陪伴“神兽”画一幅画；
- □ 陪伴“神兽”户外运动；
- □ 陪伴“神兽”看《新闻联播》；
- □ 陪伴“神兽”自然聊天儿。

亲子作业

“神兽”！你热爱生活吗？　　是（　）　否（　）

“神兽”！请回忆出你热爱生活的一件事：

____

宝妈与“神兽”！你们感悟到了什么呢？

A.______________________________

B.______________________________

群公告七
宝妈的十要、十不要

01
支持“神兽”的话题

群员——宝妈 37 紧急求救

“神兽”的作品被学校收藏了

宝妈 37

开学后，我家“神兽”代表学校参加艺术设计比赛，使用废弃的环保材料制作了一件精美的艺术品——“勇往直前”，得了一等奖，为学校争了光。作品被收入学校的科技创新室，照片也张贴在旁边，得到了无数同学的点赞。

艺术品——“勇往直前”设计巧妙、构思深邃、启发性强，师生们问“神兽”是如何创作出来的呢？

“神兽”看着作品，认真地说：“我 6 岁时，妈妈带我参加了一次手工创作活动，看着叔叔、阿姨们制作出来的各种动物、植物、生活用品、人物。我喜欢得不得了，从此我对手工创作艺术有了兴趣，告诉妈妈我也想学。妈妈听后，全力支持，给我报了一个手工创艺培训班。我每周日去学习，创作的艺术品第一个给妈妈看，妈妈赞扬我的同时，指出修改建议，我很受鼓舞，就越来越喜欢手工设计了。”

听了“神兽”的话，我十分欣慰，明白了妈妈的支持对于“神兽”的成长是多么的重要啊！所以，宝妈务必要支持“神兽”完成梦想，不能嫌麻烦，更不能阻拦。

群主——博士李多心

“神兽”有手工制作的兴趣，宝妈要全力支持，不仅让“神兽”取得了成绩，还密切了亲子关系，一举两得。“神兽”说的话是对宝妈的肯定。

副群主——心理专家王爱心

我的经验是与“神兽”交朋友，密切亲子关系，“神兽”喜欢吃饺子，我就变着花样地包饺子，“神兽”一边吃饺子一边眉飞色舞地与我聊天儿，说出了心里话。“神兽”说出正确的想法和梦想，我就肯定、鼓励和支持，这是得到“神兽”信任的关键。

我经常反问自己这样的问题——究竟什么是爱孩子？宝妈们希望“神兽”学习进步，各个方面都优秀，“神兽”有梦想了，憋着一股劲儿准备行动，充满希望地告诉宝妈了，此时对宝妈是个考验，需要智慧。支持、鼓励会得到“神兽”的信任，会给“神兽”自信与勇气；如果不支持、不鼓励甚至还批评、阻止“神兽”，等于给“神兽”浇了一瓢冷水，“神兽”的积极性被打击了，严重影响亲子关系，“神兽”的潜能可能就被淹没了。

群军师——哲学家张细心

我的体会是给予支持与无私的配合，帮助“神兽”实现梦想。“神兽”有了学习课外技能的想法，需要花钱交学费、买器材、请老师、外出学习、听网课等，只要是健康的、适合的，宝妈就应该支持，拿出资金给“神兽”用，挤出时间陪伴“神兽”，不厌烦、不唠叨，“神兽”学习起来才有激情，持之以恒地坚持下去，一定有收获。

群参谋——体育教练徐知心

我的经验是寻找机会，邀请考入名牌大学的“学哥”“学姐”与“神兽”交流，用事实启发“神兽”、引导“神兽”，让“神兽”产生自信心，把“成才”二字牢记在心中。

我的做法是因材施教，根据“神兽”的学习情况、兴趣爱好、时间分配、性格特点等，指导“神兽”报课外班，尊重“神兽”的意见与选择，一直陪伴“神兽”学习，给“神兽”无形的支持。

群监督——艺术家赵美心

我的经验是提升自己的素质，多读点儿儿童教育学、儿童心理学、生命哲学、成才哲学，而后反思自己的内心，弄清楚培养“神兽”的目的是什么？是成龙成凤吗？不是！只是让“神兽”成为一个良好的公民，对社会有用，人格健全，有责任心、有善心、有爱心的人，我也就心满意足了。

我想提醒宝妈们几句，现在宝妈们工作忙，生活、事业压力大，教育“神兽”成才不是一朝一夕的事，任重而道远，需要坚持，需要付出，需要牺牲自己的很多想法，务必做好充分的准备。为什么这么说呢？因为既然生养了“神兽”，就要当好第一任老师，支持“神兽”的梦想，挤出时间，带“神兽”走出家门观察、调查研究、拜访名人、参与公益活动等，给“神兽”创作的机会，帮助“神兽”打牢成长的基石，走上成才之路。

群主——博士李多心

我的教训是不能随随便便的埋怨、唠叨、指责“神兽”，充分地维护“神兽”的自尊心，遇到问题，多从自己身上找原因，问问自己支持“神兽”了吗？鼓励“神兽”了吗？安慰“神兽”了吗？换位思考很重要。

副群主——心理专家王爱心

我的经验是说话要有分寸，不要用语言伤害“神兽”，想方设法维护“神兽”的自尊心，给“神兽”足够的面子。有的宝妈，钱也给“神兽”花了，时间也搭进去了，由于几句话，伤害了“神兽”，前功尽弃，悔之晚矣。

有的宝妈经常对“神兽”说：“这个月的钱全给你花了，编程花钱、无人机训练花钱、机器人制作花钱、弹琴花钱、学英语花钱、上补习班花钱……”让“神兽”背上了“负担”，最终影响了“神兽”求知的积极性。其实，成才不单纯是钱的事，成才有时不需要花钱，只需要宝妈的智慧和全力支持。

我的体会是少说话、多行动，既要有原则又要有信任，支持“神兽”学习、成才是发自内心的事，不需要任何理由，只需要严格限定条件。对“神兽”提出的合理的学习要求，坚决支持；对“神兽”提出的不合理的学习要求，要坚决反对，不能完全由着“神兽”的性子来。

群军师——哲学家张细心

要注重口号的作用，在家里明显位置张贴一些关于支持的提示语，让“神兽”每天都能看见、都能思考，都能感悟到支持的力量，日积月累，“神兽”就会明白支持的全部含义了。

如：支持就是力量！

正确的支持，错误的反对！

支持能出现 1+1 大于 2 的效果！

群公告

“神兽”在成才的道路上奔驰，不仅需要知识，还需要宝妈的全力支持，没有宝妈的支持，没有宝妈的无私奉献，“神兽”成才无从谈起。

每日“五个一”工程

- □ 陪伴“神兽”朗诵一首诗；
- □ 陪伴“神兽”画一幅画；
- □ 陪伴“神兽”户外运动；
- □ 陪伴“神兽”看《新闻联播》；
- □ 陪伴“神兽”自然聊天儿。

亲子作业

宝妈！你支持“神兽”吗？　　是（　）　否（　）

宝妈！请回忆出你支持“神兽”的一件事：

____

宝妈与“神兽”！你们感悟到了什么呢？

A.______________________________

B.______________________________

02
给“神兽”自信的话题

群员——宝妈 38 紧急求救

“神兽”抱回了奖杯

宝妈 38

前不久，“神兽”代表学校参加了野外体能“比武”，在众多的选手中，“神兽”年龄最小、体重最轻、个头儿最低，但是最终第一个冲上顶点，夺得红旗，抱回了奖杯，为学校争了光。

师生们为“神兽”取得的成绩感到骄傲，从此学校的操场上、球馆里、乒乓球台前锻炼身体同学多了起来，学校到处充满着朝气。

比赛前，我家的“神兽”与同学们聚集在山谷里，看见其他学校的选手“人高马大”，有点儿退缩，想退出“比武”。

我拥抱着“神兽”，小声地说：“你是属龙的，妈妈是属马的，别忘了要有龙马精神！龙代表飞腾于九天之上，无所不能。”

“神兽”点点头，握紧拳头，信心倍增，高喊：“龙马精神、龙马精神。”

奇怪了，“神兽”喊着、喊着，眼睛冒光，以最佳的状态进入比赛，最终取得了好成绩。可见，关键时刻宝妈给“神兽”自信很重要。

群主——博士李多心

“神兽”比赛前遇到各路高手，有点儿打退堂鼓，宝妈告诉

了“神兽”龙象征着什么，无形中给了“神兽”以强大的自信心，最终取得了好成绩。宝妈说的话是神兽的“定心丸”。

副群主——心理专家王爱心

我的做法是鼓励、肯定和点赞，发现“神兽”有了成才的想法后，表现出高兴、认可，因为“神兽”此时可能缺乏自信，希望得到宝妈的鼓励，这时鼓励最恰当，有事半功倍的效果。

我的经验是提高自身素质，自己多学习，重点学点儿儿童心理学，走进“神兽”的内心世界，理解“神兽”，发现“神兽”有畏难情绪，及时疏导，以良好的心态迎接挑战。

群军师——哲学家张细心

我的做法是带“神兽”走出家门，进图书馆、博物馆、展览馆、名人故居等，通过事实告诉“神兽”自信与坚强是最重要的，自信的人战无不胜，不惧怕任何困难、挫折与失败。

我的经验是讲寓言故事，通过故事里人物对话，让“神兽”明白，自信的人才能爬上山顶。自信需要多实践，不怕失败，不怕讽刺挖苦，要做暴风雨中的海燕，不做温室里的幼苗。

群参谋——体育教练徐知心

我的经验是保持清醒，在“神兽”学习的道路上，以鼓励、支持和点赞为主，给“神兽”输送强大的自信，万万不能给“神兽”泼冷水、设障碍。

我的体会是与“神兽”好好说话，不说伤感情的话，不说打击自信心的话，不说脏话。

如：有的宝妈看到“神兽”想学古筝，就随口说你还学古筝呢？你连乐谱都认不全。

有的“神兽”想学机器人制造，有的宝妈随口就说你笨手笨脚的样子，还不如机器人呢？

这些讽刺挖苦的话非常刺激人心，会把“神兽”的自信心打压下去。“神兽”成为书法家的梦想，成为书画家的梦想，都被宝妈的嘴说没了。

群监督——艺术家赵美心

我的做法是随时鼓励“神兽”，发现“神兽”的优点就实事求是地赞扬、点赞，无形中就会给“神兽”树立起自信心。

我的经验是组织、发动全家人一起鼓励，直到“神兽”自己的事情自己干完之后，全家人齐上阵，品头论足，让“神兽”体会到做完事以后的成就感。

我的体会是适时鼓励“神兽”参加学校与班集体活动，认真准备，带头发言、带头做，主动接受“艰巨”的任务，培养“神兽”的自信心。

群主——博士李多心

我的经验是以身作则，当好榜样，宝妈自己先自信，当着“神兽”的面，处理问题坚决果断，不拖泥带水，以免给“神兽”造成负面影响。

我的感悟是“神兽”的自信需要宝妈的引领，宝妈要多与“神兽”走出家门，开卷有益，主动参观博物馆，进入名人故居，各种事迹展，汲取营养，净化心灵，让自己与“神兽”的内心自信起来。

副群主——心理专家王爱心

我的做法是主动与“神兽”交流，主动与“神兽”一起读课外书，一起看《新闻联播》，一起听书、听广播，让“神兽”的眼界开阔起来，思维敏捷起来。

我的经验是管住嘴，有利于“神兽”健康与自信的话多说、勤说、大大方方地说，打击“神兽”自信心的话坚决不说。

群军师——哲学家张细心

要注重口号的作用，在家里的明显位置张贴一些关于自信心的提示语，让宝妈与“神兽”每天都能看见、都能思考，日积月累，就会明白自信心对孩子有多么的重要了。

如：天生我材必有用。

知人者智，自知者明。

群公告

自信是成功过程中最重要的，没有自信心就等于没有骨头一样，全身都是软的，机会在你眼前也会失去。所以，做妈妈的任何时候都要鼓励“神兽”坚定信心，让“神兽”勇敢、大声地说“我能行”。

每日“五个一”工程

- □ 陪伴“神兽”朗诵一首诗；
- □ 陪伴“神兽”画一幅画；
- □ 陪伴“神兽”户外运动；
- □ 陪伴“神兽”看《新闻联播》；
- □ 陪伴“神兽”自然聊天儿。

亲子作业

宝妈！你给“神兽”自信了吗？　　是（　）　否（　）

宝妈！请回忆出你给“神兽”自信的一件事：

____

宝妈与“神兽”！你们感悟到了什么呢？

A.____

B.____

03
给“神兽”自由的话题

群员——宝妈 39 紧急求救

“神兽”的书法送国外参加巡展了

宝妈 39

我家的“神兽”听了我讲王羲之教子练字的故事后，喜欢上书法，天天在家临摹书法家的帖子，毛笔用了数十支，墨汁用了几十瓶。

今年开学，“神兽”应邀参加书画大奖赛，获得了特等奖，作品送往国外巡展。由于为学校争光了，校长请“神兽”上台谈获奖感言。

“神兽”大大方方、信心满满地说：“小时候我爱听妈妈讲故事，王羲之教子写字的故事打动了我。从此以后，我喜欢上了写毛笔字。之后，我经常让妈妈带我去参观书画展，妈妈不仅答应我的要求，还鼓励我创新毛笔字。每次我写完毛笔字，及时请妈妈指正。妈妈的鼓励太重要了，我觉得有了自由，得到了尊重，写毛笔字的欲望越来越强烈。最终，坚持下来，写出了自己的风格。我要感谢妈妈给我的自由！”

看到“神兽”取得的成绩，回忆以往我给“神兽”的自由，感触颇深。要想让“神兽”成才，宝妈给“神兽”自由非常重要。

群主——博士李多心

“神兽”喜欢写毛笔字，宝妈因势利导，根据“神兽”的天

性，给“神兽”创造学习毛笔字的机会，最终取得了成绩。仔细想想，宝妈说的话是不是“定心丸”呢？需要宝妈们认真思考。

副群主——心理专家王爱心

我的体会是放养，不能捆绑“神兽”的手脚。少数宝妈担心过度，禁止“神兽”出门，不给“神兽”一点儿空间自由，导致“神兽”思维僵化、胆小怕事、唯唯诺诺，最终很难适应社会。

我的建议是不能管的过“死”，不能总是盯着“神兽”“死”读书，太严苛了，会让“神兽”感到压抑、郁闷和烦躁，可能引发心理问题。

群军师——哲学家张细心

我的经验是主动学点教育学与儿童心理学，明白自由是“神兽”的天性，是快乐的保证，是激发学习动力的源泉。

我的体会是要想让“神兽”成才，就要尽可能地给“神兽”自由，让“神兽”在自由、快乐和轻松的氛围中学习。

群参谋——体育教练徐知心

我的建议是宝妈要倾听“神兽”内心的话，学会换位思考。充分理解“神兽”，给“神兽”创造机会、创造环境，陪伴“神兽”追求梦想。

群监督——艺术家赵美心

我的体会是要走进“神兽”的内心世界，真正关心“神兽”，知道“神兽”想什么，需要什么。现在少数宝妈与“神兽”的关系紧张，主要根源是宝妈只关心“神兽”的学习成绩，对“神兽”的成才点、兴趣点一无所知。其实，“神兽”为了梦想动手实践，只要没有危险，耽误不了学习，宝妈一定要大力支持。

群主——博士李多心

我的体会是带“神兽”走出家门，与“高人”交流，让“神

兽”放松心态，明白在学习这条路上，最后只有少数人进入哈佛、剑桥、斯坦福、清华、北大。进去更好，进不去也正常。事实上，多数“神兽”是进不了这些名校的，宝妈的头脑要清醒，与其冒险过独木桥，不如尊重“神兽”的选择，找到适合“神兽”成才的道路。事实证明，在“神兽”的兴趣点上培养“神兽”，“神兽”更容易成才。

副群主——心理专家王爱心

我的建议是宝妈要信任“神兽”，主动给“神兽”自由，不能故意限制“神兽”的行动，要给“神兽”活动的空间，给“神兽”独自处理事情的机会和权利。

我的做法是放手，不把“神兽”当孩子，“神兽”遇到属于自己范畴的事情，必须自己解决、自己面对、自己做出决定，宝妈不能越俎代庖，更不能限制“神兽”的想象力，全面提高“神兽”解决问题的能力。

我的经验是用事实说话，与“神兽”共同参观法制展览，看警法宣传片，认真负责地告诉“神兽”自由是相对的，不是绝对的，任何自由必须在法律与规定的规则内进行。

群军师——哲学家张细心

要注重口号的作用，在家里的明显位置张贴一些关于自由的提示语，让宝妈与“神兽”每天都能看见、都能思考，日积月累，就会明白自由有多么的重要了。

如：纪律是自由的第一条件。

自由是对必然的认识。

群公告

给“神兽”自由，才能使“神兽”放飞梦想，才能使“神兽”无拘无束地去实践、探询和创造，才能有机会成为有用的人才。

每日“五个一”工程

- ☐ 陪伴“神兽”朗诵一首诗；
- ☐ 陪伴“神兽”画一幅画；
- ☐ 陪伴“神兽”户外运动；
- ☐ 陪伴“神兽”看《新闻联播》；
- ☐ 陪伴“神兽”自然聊天儿。

亲子作业

宝妈！你给“神兽”自由了吗？是（　　）否（　　）

宝妈！请回忆出你给“神兽”自由的一件事：

____

宝妈与“神兽”！你们感悟到了什么呢？

A.____

B.____

04
给“神兽”感情的话题

群员——宝妈 40 紧急求救

“神兽”坐在门口发呆

宝妈 40

今天放学，我家的“神兽”面无表情、唉声叹气，坐在门口不愿意进家。

我下班回来，看见“神兽”坐在门口发呆，着急地问：“怎么了，被人欺负了吗？考试不及格吗？与同学闹矛盾了吗？身体不舒服吗？”

“神兽”冷冷地说：“都怪你最近与爸爸闹离婚，你们俩只顾吵架、争论，谁也不理我，我感到家里没有意思了。今天放学了，担心你们进家还是吵架，所以不想进门。”

我大吃一惊，感到很愧疚，主动安抚“神兽”，承认了当着“神兽”的面与爸爸吵架、闹离婚的错误，表示再也不当着“神兽”的面吵架了，每一天都尽力陪伴“神兽”，给“神兽”营造一个有感情的家。

当天晚上，我与宝爸达成“休战”协议，夫妻之间的事情单说，双方都要献爱心。

“神兽”有了表情，找到了家的温暖。第二天出门上学，精神面貌为之一振。

看到“神兽”的转变，我回忆以往夫妻吵架，忽视了“神兽”的存在，感触颇深。要想让“神兽”有家的温暖感，宝妈的感情对“神兽”非常重要。

群主——博士李多心

“神兽”因为宝妈、宝爸闹离婚吵架，得不到父母的感情支持，孤独、寂寞，不愿意进家门，宝妈意识到问题的严重性后，立刻改正，恢复了亲子关系，“神兽”对生活有了希望，愿意回家了。宝妈的感情对“神兽”很重要，那么，宝妈如何给“神兽”情感呢？怎样让“神兽”有安全感呢？

副群主——心理专家王爱心

我的体会是想方设法增进感情，通过户外运动（打羽毛球、打乒乓球、爬山等），或指导“神兽”织毛衣、包饺子、刺绣、做饭等，密切与“神兽”的关系。宝妈务必要知道“情感”二字的真谛，感情对于成年人来说重要，对于未成年的“神兽”来说更是不可缺少的精神支柱，这是一种爱的表现。

随着“神兽”年龄的增长，明白的事情越来越多，对宝妈的态度也越来越敏感，如果宝妈不注意亲子关系，不能建立良好的沟通渠道，人为地阻断感情交流 ，不仅不利于教育，而且容易使“神兽”逆反心理加剧。宝妈希望“神兽”学习进步，综合素质提高，就要给“神兽”情感滋润，让“神兽”有安全感、归属感、幸福感和快乐感。

群军师——哲学家张细心

我的做法是请教教育专家、心理专家，学习育儿知识，提升自己的素质。一位心理专家给我说了一个案例：“神兽”脾气暴躁、情绪不稳定、有暴力倾向，与缺失情感有关系，也就是说宝妈给“神兽”的关爱少。

我真心提醒群里的宝妈们，务必要改变自己，避免成为“神兽”厌烦的宝妈。具体注意的几个问题：

其一，有些宝妈把坏情绪带给“神兽”，不高兴的时候，无休止地唠叨“神兽”，这是破坏感情的“杀手”。

其二，有些宝妈与宝爸不顾及“神兽”的感受，当着“神兽”的面，无休止地吵架，甚至动手摔东西，给“神兽”埋下了心理阴影，不利于“神兽”的成长。

其三，有些宝妈在家里唉声叹气、面色难看，好似监工一样瞪着“神兽”学习，让“神兽”很害怕、很无奈，最终出现孤僻、暴力、冷漠的心理。

群参谋——体育教练徐知心

我的做法是多种形式并举，真正关心“神兽”。生活上对“神兽”照顾的无微不至，保证“神兽”吃得健康，穿得精气神，睡得香甜。

节假日带“神兽”外出活动，参观博物馆、展览馆、爬山、游泳等，让“神兽”在大自然里明白事理。

我的经验是借助特殊的日子密切大家与“神兽”的关系，如“神兽”的生日，请全家人来家，回忆“神兽”的过去；如“神兽”取得了成绩，要及时给“神兽”点赞、送小礼品。

群监督——艺术家赵美心

我的办法是请“高人”进家，与“神兽”交流，引导“神兽”学会坚强，学会辩证地思考问题。让“神兽”知道宝妈是爱她的，也是有感情的人，也需要感情滋润，“神兽”长大了，不能给妈妈使性子，更不能记恨妈妈。

群主——博士李多心

我的办法是绘画，画出亲子关系导图，通过图中的人物与故事情景，告诉“神兽”妈妈是喜欢“神兽”的。而后，引导“神兽”对照导图说出心里话。此时，宝妈应认真听“神兽”的想法，而后与“神兽”商讨办法，最终得到“神兽”的信任与认可。

副群主——心理专家王爱心

宝妈应主动与“神兽”开展文体活动，利用节假日陪“神兽”打球、爬山、采摘、走访、骑行、健步走、登长城、滑冰、滑雪、放风筝等，稳定“神兽”的情绪，让“神兽”的心灵得到充足的滋润。

我的做法是带“神兽”回爷爷、奶奶家，请爷爷、奶奶给“神兽”讲家史、家风、家训、家规，激发“神兽”的家族感、荣誉感、责任感，共同努力，争创和谐家庭、文明家庭与最美家庭。让“神兽”明白，家庭是避风港、快乐屋。

群军师——哲学家张细心

我的经验是借助现代化通信工具与物流，随时与“神兽”保持无障碍交流。宝妈上班或外地出差不在家时，可以采用打电话、微信视频、短信、快递、QQ 等形式，与“神兽”自然交流，让“神兽”感受到宝妈的爱，温暖“神兽”孤独的心。

我的体会是要注重口号的作用，在家里的明显位置张贴一些关于感情的提示语，让宝妈与“神兽”每天都能看见、都能思考，都能感悟到感情的重要性，日积月累，就会明白感情有多么的重要了。

如：谁言寸草心，报得三春晖。

父母和子女，是彼此赠与的最佳礼物。

群公告

感情是人生中很重要的东西，没有感情的人、不懂感情的人一定是很孤独、很冷漠的人。

爱是世界最伟大的力量。

每日“五个一”工程

- □ 陪伴“神兽”朗诵一首诗；
- □ 陪伴“神兽”画一幅画；
- □ 陪伴“神兽”户外运动；
- □ 陪伴“神兽”看《新闻联播》；
- □ 陪伴“神兽”自然聊天儿。

亲子作业

宝妈！你给“神兽”感情了吗？　　是（　）　否（　）

宝妈！请回忆出你给“神兽”感情的一件事：

____

宝妈与“神兽”！你们感悟到了什么呢？

A.______________________________

B.______________________________

05
给“神兽”肯定的话题

群员——宝妈 41 紧急求救

“神兽”中途退出了

宝妈 41

学校组织长跑活动，我家的“神兽”参加了，本来可以跑完全程，可是途中自动离开了，影响了班里的成绩，同学们对“神兽”很不满意。

回到班里，同学疑惑地问：“为什么中途离场了呢？不是好好的吗？应该能坚持下来呀？究竟是为什么？”

“神兽”红着脸，羞愧地说：“我妈嘱咐我不要逞能，她们单位的一个人长跑中途出事了，如果感觉不舒服，就立刻退出，身体健康第一，安全第一。我半途感觉呼吸困难，想起了妈妈说的话，所以就退出了。”

一个同学说：“嗨！就为这个呀，太小题大做了吧。长跑中途呼吸困难是最常见的，也就是到了应激期阶段，过了这个阶段，就缓解了。我也一样，呼吸也困难，坚持过去，就正常了。”

听了同学的话，“神兽”感到很没有面子，不敢再辩解了。

“神兽”的话很值得思考，也让我彻夜难眠。“神兽”应该给予肯定，相反我却给“神兽”泄气的话，让“神兽”产生了长跑危险，可以退出，结果就是“神兽”退出了。

群主——博士李多心

分析“神兽”长跑中途离场的原因，与宝妈对“神兽”的否定有关系，“神兽”担心出事，所以泄气了。

仔细想想，宝妈如果肯定“神兽”能跑完全程，适当指导与鼓励，讲清楚长跑的“应激期”结果可能完全不一样。

副群主——心理专家王爱心

我的体会是加强自身学习，了解儿童心理，知道“神兽”想什么、希望听什么？想方设法多积累家教与心理学知识，不能讽刺挖苦“神兽”，特别是当“神兽”遇到困难时，要与“神兽”共同分析问题，肯定“神兽”独立动脑筋解决，最终战胜困难。肯定“神兽”的最终目的是希望“神兽”具备独立的人格，形成优秀的品质。

群军师——哲学家张细心

我的经验是给“神兽”做沙盘演示，指导“神兽”摆放沙盘里的模具，独自完成沙盘布局，无论摆放的成绩如何，宝妈都要给予基本肯定，让“神兽”在肯定中找到自信、找到改进的方向，而后加以指导。

群参谋——体育教练徐知心

我的建议是尽量温和一些，有话好好说，不能对“神兽”大喊大叫，甚至用暴力解决问题。记住：喊叫解决不了问题，只能让“神兽”的情绪越来越糟糕。

群监督——艺术家赵美心

我的经验是请教教育专家，这样可以少走弯路。一位教育专家告诉我，“神兽”经常被肯定，就会保持良好的情绪与心理状态，就容易接受意见与批评，就会自信、逐渐变得有主见、变得坚韧起来。

群主——博士李多心

如果发现“神兽”缺乏主见，总是否定自己，总是看宝妈的脸色行事，就要引起宝妈的高度警觉了，这不是好现象。宝妈务必要反思自己的过去，心理专家告诉我，这与宝妈经常否定“神兽”有关系。所以，宝妈要加强学习，明白给“神兽”肯定的重要性，恰到好处地肯定“神兽”说的话、做的事。

副群主——心理专家王爱心

一旦发现“神兽”遇事唯唯诺诺、瞻前顾后，就要及早干预，或请“高人”帮助解决。可以带“神兽”拜见“高人”，通过与“高人”谈话，让“神兽”明白有主见对于学习、成长是多么的重要。而后，有针对性地进行训练，在宝妈“肯定”中，逐渐变得有气魄、坚韧、有主见。

我说一个不好的现象，一些宝妈为了安全，担心“神兽”出事，每天几乎把“神兽”包裹起来，不允许“神兽”独自面对问题，“神兽”无法得到肯定，不知道对与错，在这种被隔绝的环境中，“神兽”如何长大呢？宝妈如此包裹着“神兽”有什么结果呢？

群军师——哲学家张细心

我提示一个重要问题，宝妈们好好观察一下“神兽”的生活状态，做到心中有数，以便及早纠正。少数“神兽”除了上学、玩游戏、看电视、吃饭，几乎不会生活，洗衣、做饭、打扫卫生、买菜更别提了。

要注重口号的作用，在家里的明显位置张贴一些关于肯定的提示语，让宝妈与“神兽”每天都能看见、都能思考，都能感悟到肯定与被肯定的重要性，增强自信，日积月累，就会明白肯定与被肯定有多么的重要了。

如：肯定是希望的开始！

肯定是信任的信使！

群公告

适时地肯定“神兽”，对“神兽”的成长意义非凡，这一点宝妈要有清醒的认识。大胆地肯定“神兽”、鼓励“神兽”、激励“神兽”，“神兽”一定能成才，一定快乐无比。

每日“五个一”工程

□ 陪伴“神兽”朗诵一首诗；
□ 陪伴“神兽”画一幅画；
□ 陪伴“神兽”户外运动；
□ 陪伴“神兽”看《新闻联播》；
□ 陪伴“神兽”自然聊天儿。

亲子作业

宝妈！你肯定“神兽”了吗？是（　　）否（　　）

宝妈！请回忆出你肯定“神兽”的一件事：

____

宝妈与“神兽”！你们感悟到了什么呢？

A.______________________________

B.______________________________

06
鼓励“神兽”持久的话题

群员——宝妈 42 紧急求救

“神兽”出书了

宝妈 42

一个少年作家，她的书在社会上反响非常好，记者问她怎么当上小作家？怎么出的六本书呢？怎么能有一百多万字的作品？

她微笑着说：“没什么特殊的秘诀，就是坚持下去了。妈妈的鼓励让我明白了持之以恒的道理。上小学一年级的时候，老师要求学生坚持每天写作文、读书，我就认准了这个理，一直坚持到我写完第四本书。现在每天坚持阅读 1 个小时，阅读内容广泛——文学的、历史的、人物的、哲学的、天文的、地里的、环保的、江河湖海的、考古的、UFO 的、科幻的、探险的。不管时间多忙，每天坚持写 600 字以上的日记和随笔。”

“神兽”的话很有道理，我忽然想到了“有志者事竟成”这句话，深感持之以恒对“神兽”成长的重要性。

群主——博士李多心

“神兽”说的话很有启发性，值得推广。现在很多“神兽”不爱阅读，爱玩手机，坐不住，不会思考问题，也不爱写，这是危险的信号。如果希望“神兽”成才，宝妈要鼓励“神兽”每天自觉地坚持阅读，挤出时间思考问题，写随笔。

副群主——心理专家王爱心

我的经验是开卷有益，经常带“神兽”外出参观名人故居、先进人物事迹展，在参观学习中明白一个道理——坚持是成功的基础，如果遇到困难就躲、就打退堂鼓，必定一事无成。

我的做法是请“神兽”敬佩的“高人”来家，与“神兽”交流，重点谈一谈学习与人生规划，最终的目的是让“神兽”明白——立志的人很多，走到成功的人却寥寥无几，归根到底是因为半途而废的人太多。

群军师——哲学家张细心

我的办法是编创情景剧，给“神兽”一个恰当的角色，通过对话与故事的发展，告诉“神兽”坚持需要勇气，是一种精神。成功、成才的道路上没有捷径可走。

群参谋——体育教练徐知心

我的经验是加强自身学习，不断提高素质，与时俱进，努力掌握儿童心理学知识，走进“神兽”的内心世界，把心理学知识普及给“神兽”，让“神兽”心理逐渐强大起来，从容面对困难与挫折，知道挫折是暂时的，坚持下去一定能见到彩虹。

群监督——艺术家赵美心

我的经验是与“神兽”共同读书，选择对“神兽”有帮助的，让“神兽”从书中汲取营养，明白学习的真谛和道理，得出一个结论——只有刻苦、坚持和努力，才能取得好成绩，才能成为有用的人才。

群主——博士李多心

我的做法是游学，根据“神兽”的时间安排，预先计划好，与“神兽”共同商定——去哪所学校、哪家工厂、哪个博物馆、哪个图书馆，一边学一边记，最后写出心得，最终把“坚持”二字印刻在脑子里。

副群主——心理专家王爱心

我的经验是以身作则，一刻也不能放松，务必要对“神兽”开展全面教育，德、智、体、美、艺、劳齐头并进，一个也不能落下。

群军师——哲学家张细心

要注重口号的作用，在家里的明显位置张贴一些关于持之以恒的提示语，让宝妈与“神兽”每天都能看见、都能思考，都能感悟到持之以恒的重要性，增强自信，日积月累，就会明白持之以恒有多么的重要了。

如：锲而不舍，金石可镂。

为之须恒，不恒则不成。

千里之行，始于足下。

群公告

持久是取得成绩、成才的保证，没有持久，再好的计划都会化为乌有。

每日“五个一”工程

- □ 陪伴“神兽”朗诵一首诗；
- □ 陪伴“神兽”画一幅画；
- □ 陪伴“神兽”户外运动；
- □ 陪伴“神兽”看《新闻联播》；
- □ 陪伴“神兽”自然聊天儿。

亲子作业

宝妈！你鼓励“神兽”持久了吗？是（　　）否（　　）

宝妈！请回忆出你鼓励“神兽”持久的一件事：

____

宝妈与“神兽”！你们感悟到了什么呢？

A.____

B.____

07
装“盲”的话题

群员——宝妈 43 紧急求救

“神兽”拍摄的照片获奖了

宝妈 43

学校鼓励同学参加有意义的、健康积极的社会活动，我家的“神兽”参加了“小小摄影家”比赛，一组六张节水主题的照片获得了一等奖，拿到了荣誉证书和奖金，给学校争了光，上了学校的光荣榜橱窗，在同学面前可有面子了。

同学们问“神兽”为什么能拍出这么震撼人心的照片呢？

“神兽”举着照相机，微笑着说：“这与我妈妈装‘盲’有关系。小时候我喜欢照相，悄悄地把妈妈的高级照相机拿出来摆弄着玩儿，甚至拿到小区里、公园里拍照，我妈妈装‘盲’，故意让我玩儿。在妈妈的装‘盲’下，我的拍摄技术迅速提高，掌握了取景、聚焦、画面布局、虚实等技术，对各种照相机的性能都了如指掌。”

同学们听了“神兽”的话，纷纷伸出大拇指，连连点赞。

我感到我装“盲”装对了。

群主——博士李多心

“神兽”的话给宝妈们很多启示，希望“神兽”成才的宝妈

要认真思考，究竟应该怎么装“盲”呢？怎么才能锻炼提高“神兽”的独立能力呢？

副群主——心理专家王爱心

我提点儿建议，我们都希望“神兽”成才，可是现在的“神兽”意志薄弱、懒惰、玩心大，依赖性强，如何成才呢？这就要求宝妈装“盲”。装“盲”并不是不管“神兽”，而是尽力让“神兽”自己完成学习与生活琐事，关键时候给“神兽”指导即可。

我的经验是给“神兽”学习、提高和独立解决问题的时间，不能拔苗助长，更不能急躁。根据事情难易程度，做出判断，把握住装“盲”的时机与方法。

群军师——哲学家张细心

我的体会是装“盲”不是说撒手不管，而是为了锻炼“神兽”，给“神兽”独自处理问题的时间，让“神兽”开动脑筋，找出最好的办法，把问题解决好。最终目的是让“神兽”独立自主，有所担当。

群参谋——体育教练徐知心

我的建议是装“盲”就要真装，不能心软，更不能怕“神兽”受罪、吃苦，只要没有安全问题，吃苦、受累不是坏事，才能让“神兽”印象深刻，触动心灵，牢记心中。

群监督——艺术家赵美心

我的体会是宝妈要横下一条心，不干预“神兽”的事就不干预，装看不见就是看不见。假如洗衣服，“神兽”洗不干净就洗不干净；假如择菜，“神兽”择不干净就择不干净；假如洗碗，“神兽”洗不干净就洗不干净，不主动帮忙，“神兽”干多了，就找到窍门了。

群主——博士李多心

我的经验是创造“神兽”自己完成任务的机会。比如上、下学的路上，装着看不见“神兽”背上的书包，让“神兽”自己背。假如下雨了，装着看不见，让“神兽”自己准备雨具。坚持下去，“神兽”干多了，成熟了，就能独立思考、解决问题了。

副群主——心理专家王爱心

我认真提醒一点，真心希望“神兽”成才，宝妈装“盲”是必不可少的教育方法，装要装得真、装得像，不能让“神兽”看出破绽，才能使“神兽”得到锻炼。

群军师——哲学家张细心

要注重口号的作用，悄悄地把装“盲”二字写在自己的日记本里，每天看看，再写上几句警示语。

如：装“盲”需要下狠心！

装“盲”是一门艺术！

装“盲”需要智慧！

装“盲”不是撒手不管！

群公告

在“神兽”的成长问题上装“盲”是一门学问，是让“神兽”健康成长的重要保证。

每日“五个一”工程

- ☐ 陪伴“神兽”朗诵一首诗；
- ☐ 陪伴“神兽”画一幅画；
- ☐ 陪伴“神兽”户外运动；
- ☐ 陪伴“神兽”看《新闻联播》；
- ☐ 陪伴“神兽”自然聊天儿。

亲子作业

宝妈！你会装“盲”了吗？是（　　）否（　　）

宝妈！请回忆出你装“盲”的一件事：

____

宝妈与“神兽”！你们感悟到了什么呢？

A.____

B.____

08
装“聋”的话题

群员——宝妈44紧急求救

“神兽”敢与陌生人说话了

宝妈44

我家的“神兽”不愿意见陌生人，见到陌生人脸红，说不出话来，心慌加剧，冒冷汗，心理专家说可能有点儿心理障碍，需要多锻炼、多实践。

周六夜间，我在医院值夜班，早上回家进屋就睡了。

“咚咚咚——”一阵敲门声，客厅看电视的“神兽”跑到我的房间，急促地叫我去开门。

我突发奇想，这是一个锻炼“神兽”的机会，故意装聋，鼾声四起。

“张巧巧快递，快递。”门外传来快递小哥的喊声。

“神兽”有点儿紧张，头上冒汗了，继续大叫：“妈妈、妈妈，快递、快递。”

我知道这是“神兽”自己下的单，买的笔记本、圆珠笔、涂改液，为了锻炼“神兽”，我依旧装“聋”，鼾声更大了。

“张巧巧快递、快递、快递。”门外继续传来快递哥的喊声。

“神兽”红着脸，没有办法，硬着头皮，蹑手蹑脚地走到门口，悄悄地打开门，怯生生地低头说：“是、是我。”

“张巧巧，你的快递。”快递哥一边说一边把包裹交给“神兽”，转身走了。

“神兽”接过快递包裹，快速进屋，关上门，拍怕心脏，小声嘀咕：“哇！吓死我了。”

从此以后，“神兽”不再害怕接快递包裹了，家里的快递都是“神兽”接收，每次接收快递包裹，“神兽”都能大大方方，保持适度的警惕性，且彬彬有礼，克服了害怕陌生人的心理障碍。

通过这件事，我认为我装“聋”装对了，深感“神兽”不能娇惯，必须具备独立性。

群主——博士李多心

“神兽”不敢与陌生人接触、说话的问题很严重，给宝妈们很多启示，希望“神兽”成才的宝妈要认真思考，究竟应该怎样装“聋”呢？怎样才能锻炼、提高“神兽”的独立能力呢？

副群主——心理专家王爱心

我的体会是装“聋”太有必要了，现在一些“神兽”无论是什么事情，总是冲宝妈大喊，我要这个、要那个，如果宝妈事事答应，事事帮助办理，就成了“神兽”的仆人，这样下去很危险。

我的经验是真装“聋”；不是假装“聋”，绝对不能让“神兽”呼来唤去，更不能纵容“神兽”衣来伸手、饭来张口的行为。

我的体会是宝妈要有责任意识，想方设法培养“神兽”独立能力，装“聋”时，要下狠心，不能仁慈。

群军师——哲学家张细心

我说点儿建议，装“聋”本身也是希望教育出优秀的“神兽”，所以务必要有计划、有安排、有标准，不能太随意，严格一点儿、认真一点儿，会让“神兽”得到真正的锻炼。

我的体会是保持清醒，下定决心，如果狠不下心来，什么事都依着“神兽”，都听“神兽”的“摆弄”，“神兽”让你干什么，你就干什么，最后就麻烦了。

群参谋——体育教练徐知心

我的经验是拒绝溺爱，早立家规，指导“神兽”规规矩矩做人、做事。宝妈装“聋”就要有始有终，不能中途改变，这样才能尽早使“神兽”独立。

群监督——艺术家赵美心

我的办法是与“神兽”交朋友，与“神兽”一起去户外活动，在活动中给“神兽”讲做人的道理，讲独立学习与生活的问题，让“神兽”早断奶、早成熟、早长大。

群主——博士李多心

我的体会是全家统一行动、统一口径，共同装“聋”，不能有唱红脸的、有唱黑脸的，为了达成教育效果，全家人达成协议，铁板一块，不给“神兽”留下“救命稻草”。

副群主——心理专家王爱心

我的建议是加强自身学习，提高自身素质，多出点子、多动脑筋，开卷有益，主动带“神兽”到名人故居、博物馆、展览馆参观学习，让“神兽”自己感悟，逐渐养成独立思考、独自完成任务的好品质。

群军师——哲学家张细心

注重口号的作用，悄悄地把装“聋”二字写在自己的日记本里，每天看看，再写上几句警示语。

如：装“聋”需要下狠心！

装“聋”是一门艺术！

装“聋”需要智慧！

装“聋”不是撒手不管！

群公告

装“聋”是让“神兽”摆脱依赖的最好手段，宝妈要敢于下狠心，这是对“神兽”的爱护。

每日“五个一”工程

☐ 陪伴“神兽”朗诵一首诗；
☐ 陪伴“神兽”画一幅画；
☐ 陪伴“神兽”户外运动；
☐ 陪伴“神兽”看《新闻联播》；
☐ 陪伴“神兽”自然聊天儿。

亲子作业

宝妈！你会装“聋”了吗？是（　　）否（　　）

宝妈！请回忆出你装“聋”的一件事：

____

宝妈与“神兽”！你们感悟到了什么呢？

A.____

B.____

09
装“哑”的话题

群员——宝妈 45 紧急求救

“神兽”的三根“鸡毛信”

宝妈 45

学校开家长会，要求学生给家长写一封信。我家的“神兽”给我写了一封画着三根鸡毛的信，通过老师交给了我。

我打开以后，发现上面画了两张美女图、两张小男生图，在第二张美女图上画了一个对勾，一个小男生微笑。

第一张美女图——嘴张开，狂叫；小男生龇牙咧嘴，怒火万丈。写着三个字——恨恨恨！

第二张美女图——嘴紧闭，温和；小男生举手点赞，心花怒放。写着三个字——乐乐乐！

我当即明白了画的含义，思考了以往的很多事情，确实我的话多了，都神精了。

如：快点儿、快点儿。

起床、起床。

吃饭、吃饭。

喝水、喝水。

写作业、写作业。

……

于是，我决定尊重“神兽”的意见，闭嘴装“哑”，只要不是原则问题，我闭嘴不说。坚持了一段时间后，我真的管住了嘴，“神兽”也放松了，学习成绩也上去了。

“神兽”改变了，我感到我装“哑”装对了，深感不能张口闭口指责“神兽”，必须科学管理，因人施教。

群主——博士李多心

“神兽”天天被妈妈数落、被妈妈唠叨的事情很普遍，这是个严肃的话题，给宝妈们很多启示，希望“神兽”成才的宝妈要认真思考，究竟应该怎么装“哑”呢？怎么才能让“神兽”明白事理呢？

副群主——心理专家王爱心

我的体会是不给“神兽”钻空子，现实中的“神兽”什么都懂，许多事情自己都能干，就是犯懒不干。这就需要宝妈装“哑”，做好两点：一是少说废话，不能唠叨成瘾。二是对“神兽”呼叫，不理睬，故意装“哑”，无奈之下，“神兽”只能自己完成自己的事。

群军师——哲学家张细心

我的经验是严肃批评，绝对不配合。有的“神兽”经常提出无理要求（吃饭时，向宝妈要电视遥控器；躺着时，向宝妈要书看；进门时，向宝妈要冷饮等），宝妈必须保持清醒：第一严肃批评教育；第二该装“哑”时就装“哑”，不能迁就。

我的体会是学点儿童心理学与教育心理学，掌握儿童心理的特点，管住嘴，尽量克制唠叨。因为唠叨多了，“神兽”会反感，最后干脆一点儿也听不进去。有时可以装“哑”，拒绝回答“神兽”的无理言语。

群参谋——体育教练徐知心

我的经验是延迟回答，或干脆借故走开不回答。宝妈装“哑”也要看时机，不能乱装“哑”，以免导致“神兽”情绪急躁，出现逆反状态。遇到“神兽”呼叫或问话，分析是什么事情，如果是与吃、喝、玩、看、穿等有关系的事情，可以延迟回答，甚至可以装“哑”，如果无缝隙的回答，“神兽”会觉得宝妈好欺负，容易变本加厉，甚至出现呼风唤雨的局面。

群监督——艺术家赵美心

我的建议是设定条件，讲清楚原则，不要随意应答“神兽”的无理要求。条件必须预先让“神兽”知道，这是一种契约，必须无条件地遵守，如果“神兽”不遵守，犯自由主义，或者撒谎、不讲卫生了、上学迟到、不尊重长辈等，结果就是宝妈的惩罚。

我的经验是装“哑”不要真哑，重大事情必须出来讲话，甚至可以与“神兽”辩论，绝对不能盛气凌人、气势汹汹，更不能讲脏话，以免把“神兽”吓跑。

群主——博士李多心

我的做法是写信，发现“神兽”的问题后，如果亲口说觉得效果不好，可以装“哑”，认真写信，指出“神兽”的问题，限期改正，给“神兽”保留面子。

我的体会是辩论，一阶段装“哑”过后，为了提高“神兽”的思维能力、语言表达能力、文字组织能力，可以找几个话题开展辩论，鼓励“神兽”多发言、多论证。宝妈要保持清醒，辩论不是吵架，要避免打嘴仗，以免出现不欢而散的结局。

副群主——心理专家王爱心

我的做法是当学生，虚心向“神兽”学习。遇到不会的问题，特别是电脑与网络知识，把求教的问题写在纸上，让“神兽”帮助解答、帮助解决，给“神兽”点赞、画小笑脸、鲜花等，让“神兽”产生成就感（因为能帮妈妈办事了），促使“神兽”主动学习，不断拓展知识面。

群军师——哲学家张细心

我的体会是善于倾听，宝妈不能居高临下监督“神兽”学习、娱乐与户外运动，应与“神兽”一起玩游戏、讲故事、演情

景剧、绘画、涂鸦、打球、跳绳、刺绣、爬山、包饺子、擀面条等，增进感情。这期间，宝妈尽量少说话，尽量装“哑”，把更多的时间与机会引导“神兽”讲话，巧妙地让“神兽”当主角、当带头人，锻炼“神兽”的组织和指挥能力。

群参谋——体育教练徐知心

我的经验是加强学习，提升自己，带动“神兽”积累知识。装“哑”期间，宝妈不能闲着，有针对性地找来书籍、资料、数据，建立资料卡片，画出知识导图。遇到“神兽”提出的各式各样的问题，先引导“神兽”述说清楚，宝妈不要轻易发表意见，既不肯定也不否定，只是微笑与点头，让“神兽”知道宝妈在倾听、在关注、在思考。之后，拿出资料卡片给“神兽”看，让“神兽”自己寻找正确答案与解决的办法，给“神兽”创造获得成就感的机会，“神兽”尝到了甜头，就会自觉地学习课外知识，综合素质会逐渐提高。

装“哑”需要智慧，需要与“神兽”斗智斗勇，既给“神兽”帮助，又不伤害“神兽”的积极性与自尊心。

群监督——艺术家赵美心

要注重口号的作用，悄悄地把“装‘哑’”二字写在自己的日记本里，每天看看，再写上几句警示语。

如：装“哑”是一门艺术！

装“哑”需要智慧！

装“哑”不是撒手不管！

群公告

装“哑”与辩论是教育“神兽”的一种好方法，要巧妙地运用好，真正达到教育“神兽”的目的，引导、鼓励“神兽”自己迈向成才的台阶。

每日“五个一”工程

- □ 陪伴“神兽”朗诵一首诗；
- □ 陪伴“神兽”画一幅画；
- □ 陪伴“神兽”户外运动；
- □ 陪伴“神兽”看《新闻联播》；
- □ 陪伴“神兽”自然聊天儿。

亲子作业

宝妈！你会装“哑”了吗？是（　　）否（　　）

宝妈！请回忆出你装“哑”的一件事：

____

宝妈与“神兽”！你们感悟到了什么呢？

A.____

B.____

10
装“狠”的话题

群员——宝妈 46 紧急求救

“神兽”手机不离手

宝妈 46

暑假过了大半，我家的“神兽”手机不离手，作业一点儿也没有写，整日躺在沙发上打游戏，体重严重超标，气得我真想暴揍“神兽”一顿。

今天早上，我上班出门前催促“神兽”写作业，别玩手机了，可是“神兽”依旧我行我素，照样玩手机。下班回来后，我真生气了，没理睬“神兽”，也不做饭，关上卧室门假装睡觉了。

“神兽”的老师距离我们家不远，同一个小区里住，顺道来家访，站在门口敲门：“开门，我是王老师，家访。”

“神兽”听见老师的叫门声，吓得紧张起来，急忙放下手机，哀求我开门，给他保密。

我决定豁出去了，狠下心，惩治“神兽”，装作听不见，不开门。

“我是王老师。”门口，老师的声音越来越大，催促越来越急。

“神兽”急了，哭了起来，哀求我去开门，给他保密，什么条件都答应我。

我看时机已到，隔着卧室门说：“好，你要说话算数，从现在开始别玩手机，认真完成作业，坚持进行体育锻炼。”

“神兽”拍着胸脯答应了，还答应写保证书。我才起身开门迎接老师。

老师走后，我担心“神兽”反悔。可是，意想不到的事情发生了，“神兽”把手机电池拆下来，交给我，走进书房学习去了。

从此，“神兽”彻底改变了，真的不玩手机了，假期生活丰富多彩，阅读、写作业、锻炼身体、做饭、打扫卫生。

“神兽”改变了，我感到我装“狠”装对了，深感“神兽”不能惯着，必须严格要求，立好规矩。

群主——博士李多心

“神兽”早上起不来、不认真学习、拖拉、玩手机等问题很普遍，需要宝妈们认真思考，究竟应该怎么装“狠”，才能让“神兽”独立呢?

副群主——心理专家王爱心

我的经验是不惯着、不溺爱，立下规矩，必须执行，因为现在不对“神兽”狠一点儿，将来就麻烦了。现在的“神兽”生活在“蜜罐子”里，对吃苦、受累、压力、花钱多少，没有概念，讲吃、讲穿、讲玩、讲花钱，一说学习就犯懒、就无精打采、就想睡觉，少数宝妈不舍得批评、不狠心纠正，等于害了“神兽”。

我的体会是装“狠”但不是真“狠”，批评教育要严肃认真，不能迁就，更不能袒护，但不能使用暴力。一旦使用暴力，对“神兽”的心理成长不好，甚至会引发严重的后果。

我的体会是打铁需要自身硬，宝妈务必要以身作则，给“神兽”树立一个标准，不允许“神兽”做的事情，自己也不做，让“神兽”从宝妈身上明白做人的道理，德、智、体、美、艺、劳全面提高，成为高素质的人。

群军师——哲学家张细心

我提点儿建议，对“神兽”的教育要有连续性、平稳性和温和性，不能忽冷忽热，更不能受外界的影响，采取疾风暴雨式的批评教育。宝妈要会装“狠”，与“神兽”一起立规矩、对照检查、及时改正，不能拖拖拉拉，出现立了规矩不执行、发现问题不批评、改不改无所谓

的局面。

我的经验是必须全家齐上阵，对待“神兽”的错误与无理要求，必须统一口径、统一行动，相互配合，共同装“狠”，宝爸、爷爷、奶奶、姥姥、姥爷谁也不能心软，形成“铜墙铁壁”，不让“神兽”各个击破，找不到空隙可钻。

群参谋——体育教练徐知心

我说一点儿建议，宝妈装“狠”不是撒手不管，也不是袖手旁观，更不是冷落“神兽”，特殊的事情、特殊的问题，宝妈必须挺身而出，起到监护人的作用，不能让“神兽”有任何闪失。

我的做法是运用“旁敲侧击”法激将“神兽”，少数“神兽”有梦想，想成才、想学习、想刻苦钻研，只是停留在大脑里，没有行动，懒惰战胜了梦想。这时的宝妈不但要装“狠”，还要运用“旁敲侧击”法，调动“神兽”的积极性，引导“神兽”自己下决心行动，直到有个完美的结局。

群监督——艺术家赵美心

我的经验是请“高人”进家，与“神兽”交流，因为“高人”是“神兽”心中的“神”，往往说出的话在“神兽”心中有分量。通过“高人”的“旁敲侧击”，会对“神兽”产生巨大的推动力。

我的经验是根据“神兽”的性格、脾气、兴趣与爱好的不同，有针对性地教育、引导、激励“神兽”。爱户外运动的“神兽”，宝妈多主动陪伴“神兽”户外运动，增进感情，进行引导。爱阅读的“神兽”，宝妈多主动陪伴阅读、讲故事、做游戏，密切亲子关系，恰到好处地引导。总之，必须因人施教，对“神兽”狠点儿，才能出现奇效。

群主——博士李多心

我说点儿建议与经验，宝妈装“狠”要装的真实，“旁敲侧击”要寻找恰当的时机，时机是关键，不能不分场合、地点、环境胡乱使用，以免弄巧成拙，起到相反的作用。

我的体会是宝妈要加强学习，提高自己的水平，有足够的智慧，认真分析，全面准备，做足功课。

宝妈决定装“狠”前、使用“旁敲侧击”法教育“神兽”时，要换位思考，假设自己是“神兽”，此时的想法是什么？摸准了“神兽”的心思与脉搏，教育效果就出来了。

群军师——哲学家张细心

要注重口号的作用，悄悄把“装狠”二字写在自己的日记本里，每天看看，再写上几句警示语。

如：装“狠”是一门艺术！

装“狠”需要智慧！

装“狠”不是家暴！

群公告

装“狠”能让“神兽”真正成长起来、独立起来。如果宝妈总是不敢下“狠”心，将来受罪的可能还是宝妈。

另外，“旁敲侧击”是教育“神兽”的一种手段，一定要根据“神兽”的特点、不同的情况，科学地加以运用。

每日“五个一”工程

- □ 陪伴“神兽”朗诵一首诗；
- □ 陪伴“神兽”画一幅画；
- □ 陪伴“神兽”户外运动；
- □ 陪伴“神兽”看《新闻联播》；
- □ 陪伴“神兽”自然聊天儿。

亲子作业

宝妈！你会装“狠”了吗?　　是（　）　否（　）

宝妈！请回忆出你装“狠”的一件事：

____

宝妈与“神兽”！你们感悟到了什么呢?

A.____

B.____

群公告八

让“神兽”知家规与家史

01
制定家规与家训的话题

群员——宝妈 47 紧急求救

“神兽”岸边大声呼救

宝妈 47

寒冬腊月，我家的“神兽”与几个同学去小区后面的河边玩。河里的水结冰了，岸边的牌子上写着禁止滑冰，后果自负。

几个淘气的同学跑上河道冰面上滑冰。

“轰隆”一声，河道中心的冰层开裂，冰面上的同学全部坠落冰窟窿里，眼看着就要被淹没了。

唯独我家“神兽”没有上河道的冰面上玩儿，独自在岸边呼救。

幸好，巡查管理人员听见呼救声，立刻赶来营救，落入冰窟窿里的同学转危为安。

巡查人员问“神兽”为什么能管住自己，不去河道上玩儿。

“神兽”认真地说：“因为我们有家规与家训，外出要遵纪守法，危险的事情不做。”

听到我家“神兽”说家规与家训，巡查人员不约而同地冲“神兽”竖起了大拇指，给“神兽”点赞。

这件事说明了一个道理，家规与家训在“神兽”的成长过程中的重要性。那么，如何引导“神兽”写家规与家训呢？建议“妈妈帮”群里的宝妈们仔细想想，如何与“神兽”一起立家规与家训？

群主——博士李多心

“神兽”牢记家规与家训，管住自己，不犯错误，值得赞扬。这也给“妈妈帮”里的宝妈们很多启示，需要宝妈们认真思考，及早立家规，定家训，让“神兽”有家的意识。

副群主——心理专家王爱心

我家“神兽”经常问：“家规与家训重要吗？”我说重要、非常重要。俗话说：“国有国法，家有家规。”家规与家训是保证家庭和谐美满，传承有序的关键。如果一个家庭没有制定家规与家训，就等于没有规矩、没有约束，随意性大，最终导致家庭松散，缺乏凝聚力，甚至衰落。

群军师——哲学家张细心

我家“神兽”经常问：“不立家规与家训的后果是什么呢？”我说很严重，一盘散沙。由于没有立家规、家训，“神兽”可能会不知道什么是必须做的，什么是坚决不能做的，什么是不能触及的红线等，后果无法预料。由于没有家规与家训，宝妈也容易发生言行的错误问题，出现“一言堂”的现象，也不利于家庭建设与和谐发展。

群参谋——体育教练徐知心

我家“神兽”经常问：“家规与家训的内容是什么呢？”我耐心地说，一般有十大类别，分别是：

其一，道德层面的内容。

其二，遵纪守法方面的内容。

其三，孝敬父母的内容。

其四，劳动与工作方面的内容。

其五，礼仪方面的内容。

其六，习惯养成方面的内容。

其七，处世为人方面的内容。

其八，婚姻传承方面的内容。

其九，学习求知方面的内容。

其十，认知方面的内容。

群监督——艺术家赵美心

我家“神兽”经常问：“家规与家训是千篇一律的吗？”我耐心地告诉“神兽”：不是。家规与家训内容、格式多种多样，对象也有区别。

比如：针对“神兽”学习的家规与家训。

针对家长的家规与家训。

针对夫妻和睦的家规与家训。

针对全体成员的家规与家训。

针对赡养老人的家规与家训。

针对事业的家规与家训，等等。

群主——博士李多心

宝妈应利用节假日，带“神兽”走访家族长辈，认祖归宗，对长辈产生敬畏之心。

副群主——心理专家王爱心

宝妈自己要重视家规与家训的制定与修改工作，给“神兽”做一个好榜样，甚至可以与“神兽”一起修改家规与家训，共同遵照执行。让“神兽”知道，在家规与家训面前人人平等，谁也不例外。

群军师——哲学家张细心

要注重口号的作用，在家里的明显位置张贴好家规与家训，也可以在显著的位置张贴一些关于家规与家训的提示语，让宝妈与“神兽”每天都能看见、都能思考，都能受到家规与家训的约束，增强自律性，日积月累，就会明白家训与家规有多么的重要了。

如：家训天天背诵！

家规自觉遵守！

家规与家训不可忘！

群公告

家规与家训是务必要制定的大事，这是治家的基础，也是管理家庭的大纲，万万不能忽视。如果家里没有，赶快制定。如果家里有，宝妈应该与“神兽”一起修订以往的家规与家训。

每日“五个一”工程

- □ 陪伴“神兽”朗诵一首诗；
- □ 陪伴“神兽”画一幅画；
- □ 陪伴“神兽”户外运动；
- □ 陪伴“神兽”看《新闻联播》；
- □ 陪伴“神兽”自然聊天儿。

亲子作业

宝妈！你制定家规与家训了吗？　　是（　）　否（　）

宝妈！回忆你与“神兽”遵守家规与家训的一件事：

____

宝妈与“神兽”！你们感悟到了什么呢？

A.______________________________

B.______________________________

02
写家史的话题

群员——宝妈 48 紧急求救

“神兽”辩论会上得了冠军

宝妈 48

一次辩论会上，我家“神兽”代表学校出场，最后决定胜负与冠军的问题是：谁能说出家里上五代人名字。

参赛的同学们个个低下头，表示不知道，时间一分一秒地过去了，眼看时间就要结束了。

我家“神兽”勇敢地按下抢答器按钮，熟练地说出了我家的上五代人的名字，赢得了评委的一致好评，最终夺得冠军。

评委老师问“神兽”怎么记得这么清楚呢？

“神兽”自信地说：“我与妈妈修缮过家史，而且一年一次，家史延续了九百多年，直到我这辈人，每年都增添新内容，我妈最重视家史的增补工作，嘱咐我每周都要认真读家史。”

评委老师听完，冲“神兽”竖起大拇指，频频点赞。

“神兽”很有面子，在学校的人气爆棚。

这件事说明了一个道理，家史对“神兽”的成长非常重要。那么，如何写家史呢？“妈妈帮”群里的宝妈们应该仔细想想，是不是需要重视这件事呢？

群主——博士李多心

“神兽”在辩论赛上说出了五代人的名字，得到了评委老师的赞誉，聚集了人气，值得赞扬。这也给“妈妈帮”里的宝妈们很多启示：及早整理家史、修缮家史，让“神兽”认祖归宗，发扬光大。

副群主——心理专家王爱心

我家“神兽”经常问：“家史重要吗？”我说重要，非常重要。读了家史才能知道家族的传承与辉煌，才能激发“神兽”的豪情壮志。

群军师——哲学家张细心

我家“神兽”经常问：“写家史的意义是什么呢？”我说既有现实意义，又有深远的历史意义。

其一，可以了解数百年前甚至数千年前的历史。

其二，可以追寻当年祖先的足迹。

其三，可以了解各时代的经济、文化、社会、艺术、农业、商业、军事、地域、服饰和生活习俗等。

其四，可以知道家族的变迁、姓氏缘由等。

其五，可以增进家族感、亲切感和归属感，所产生的凝聚力非同凡响。

群参谋——体育教练徐知心

我家“神兽”经常问：“家史包括什么内容呢？”我耐心地说，一般情况下需要写出以下内容。

祖先的居住地。

姓氏的追踪。

祖先的名字。

祖先的传代情况。

辈分的分支。

主系与旁系的区别。

字辈的使用。

家规。

家训。

重大事件。

对民族、对社会、对家族有贡献的人。

感人故事。

画像、信函、照片、手绘图、全家福和视频等。

实物佐证对照表。

传家宝。

文书、文件、契约和合同等。

先人的生辰与忌日、墓地与墓碑。

活着人的生日。

重大日子。

所有人的工作类别、职务、技能、特长、健康与婚姻情况等。

通讯录、现住址等。

群监督——艺术家赵美心

我家“神兽”经常问：“如何写好家史呢？”

我耐心地告诉“神兽”，写好家史需要沉住气，按照一定的顺序，用心写，具体是：

一是先写提纲。

二是寻找宝贵的资料。

三是采访当事人。

四是拍照取证。

五是实地考察。

六是完成初稿。

七是送给家庭有关人员修改。

八是最后统稿。

群主——博士李多心

如果条件允许，宝妈要主动与“神兽”一起回老家，看看老家的房子、田地和祖坟，重走祖辈人出走的路线，对家族有一个全面的认知与了解。

副群主——心理专家王爱心

宝妈自己要重视家史的编纂工作，给“神兽”做好榜样，甚至可以与“神兽”一起编纂家史，共同缅怀家族的先人。让“神兽”产生光宗耀祖之念。

群军师——哲学家张细心

要注重口号的作用，在家里的明显位置张贴好家史，也可以在显著的位置张贴一些关于家史的提示语，让宝妈与“神兽”每天都能看见、都能思考，都能受到家史的启发，增强自律性，提升自信心，日积月累，就会明白家史有多么的重要了。

如：家史不可断！

家史增加家庭凝聚力！

群公告

俗话说：“人过留名，雁过留声。”人这一辈子不容易，留好名声很重要，写家史是追根的重要途径，务必用心思考，方能明白“血浓于水”的真谛。

每日“五个一”工程

- □ 陪伴“神兽”朗诵一首诗；
- □ 陪伴“神兽”画一幅画；
- □ 陪伴“神兽”户外运动；
- □ 陪伴“神兽”看《新闻联播》；
- □ 陪伴“神兽”自然聊天儿。

亲子作业

宝妈！你家有家史吗？　　是（　）　否（　）

宝妈！你与“神兽”共同述说家史的一件事：

____

宝妈与“神兽”！你们感悟到了什么呢？

A.____

B.____

后 记

真想当个好妈妈是个现实的问题，宝妈希望“神兽”成才，就要认真思考，应该为“神兽”做点儿什么，应该学习什么，应该以什么样的行为准则去影响、教育“神兽”。如果认真思考了，而且又实践了，“神兽”一定能走向成才的那条路上去，而且会越走越宽广。

《“妈妈帮”帮妈妈》这本书系统、全面地告诉宝妈们如何引导“神兽”走向成才之路。为使“神兽”成才，图书客观地告诉宝妈们如何教育引导“神兽”，根据现实生活中成才“神兽”的成长过程、成才“神兽”宝妈的经验做法，集中分析宝妈们教育“神兽”时经常遇到的困惑问题，以事说理，逐渐向深层次展开，简明扼要地说明了当个好妈妈，引导“神兽”成才的关键几步，使宝妈和“神兽”们在轻松阅读中，受到启发，认清“神兽”成长过程中成才的客观性和必然性。

因篇幅问题，书中尚有许多问题没有归纳进来，特别是有些具体案例针对性不强，内容涉及的还不是很详细，希望宝妈和“神兽”们批评指教。

经过反复修改，终于完成了，得到了中国经济出版社领导的大力支持，特别是得到了陈瑞老师的鼓励和具体指导，得益于出版社负责校对的老师们的精心润笔。特此向以上编辑、老师们表示衷心感谢。

刘燕华　关丽荣　李澍晔

2021 年 2 月 19 日于北京郊区老房子

电子信箱：caihongxinlingzhan@163.com